PPT 디자인 팩토리

with 파워포인트

마린북스

이 책의 구성

Powerpoint Design

Step 1 캐릭터의 그룹을 해제한 후 도형 모양을 바꿔요!

① [14일차]-'움직이는이모티콘' 파일 불러오기
② 원하는 이모티콘을 복사(Ctrl+C)

③ 두 번째 (Ctrl+V)

따라하기 작업에 꼭 필요한 팁을 제공해요!

 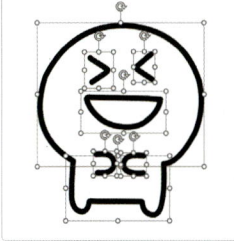

Tip
그룹 해제
경고 대화상자가 표시된다면 <예>를 눌러 그룹을 해제할 수 있어요. 이미지 위에서 우클릭하여 [그룹화]-[그룹 해제]를 선택해도 그룹 해제가 가능합니다.

④ 도형의 크기 및 위치 조절
⑤ 그룹 해제(Ctrl+Shift+G)

⑥ Shift 를 누른 채 눈을 각각 선택
⑦ [도형 모양 변경]에서 [기본 도형]-[타원] 클릭
⑧ 눈 모양이 타원으로 변경된 것을 확인

이미지 중심의 단계별 설명을 참고하여 디자인을 완성해 보세요!

14 뽀짝뽀짝 움직이는 이모티콘 85

이 책의 목차

1일차
006
3D 그림이 화분 속으로?

2일차
010
오리 캐릭터 굿즈

3일차
016
패션 스타일 모션 그래픽

7일차
040
타이포그래피 글자 디자인

8일차
048
인공지능과 VBA로 그림그리기

9일차
053
게임 그래픽 디자이너

13일차
078
포토그래퍼 커버디자인

14일차
084
뽀짝뽀짝 움직이는 이모티콘

15일차
090
도형으로 만드는 캐릭터

19일차
120
레벨업! 미로 찾기

20일차
126
반려동물의 진짜 속마음은?

21일차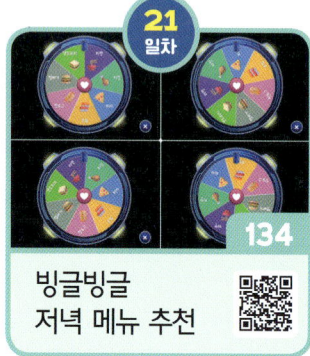
134
빙글빙글 저녁 메뉴 추천

QR코드를 스캔하여 애니메이션 작품을 확인해 보세요!

4일차  022
평면도를 활용한 실내인테리어

5일차  028
감각적인 라인드로잉 작품

6일차  034
신남 주의! 하굣길 애니메이션

10일차  058
개성 넘치는 패션 디자인

11일차  064
두루마리 밈 애니메이션

12일차  072
디지털 캘리그래피

16일차  096
빼꼼 귀여운 캐릭터

17일차  103
구겨지는 디저트 모핑 영상

18일차  112
예능 오프닝 애니메이션

22일차  140
반짝이는 야경 불꽃놀이

23일차  147
해외 여행지 홍보 영상

24일차  154
옷 입히기 게임 제작

#그림삽입 #배경제거 #3D모델 #스포이트

01 일차 3D 그림이 화분 속으로?

오늘의 디자인 | 그림의 특정 영역을 삭제하거나 주변 색상으로 채워 넣은 뒤, 새로운 이미지를 활용해 자연스럽게 합성할 수 있어요.

실습 및 완성 : [1일차] 폴더

빠삭 Design | 합성에 대해 알아보기!

합성은 서로 다른 이미지를 하나로 자연스럽게 합치는 작업이에요. 예를 들어, 초원 배경 + 토끼 캐릭터를 붙여 마치 토끼가 초원에 있는 것처럼 보이게 만드는 거죠. 이미지를 합성할 때는 위치, 크기 등을 조화롭게 맞추는 게 중요해요.

 →  →

Step 1 — 화분 주변의 배경을 제거해요!

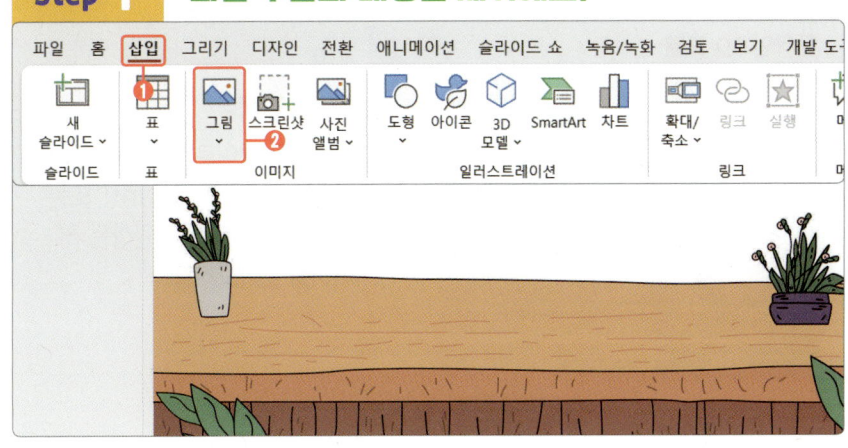

❶ [1일차]-'화분합성' 파일 불러오기
❷ [삽입]-[그림]을 클릭
❸ [1일차]-'선인장' 이미지 삽입

❹ [그림 서식]-[배경 제거] 클릭
❺ [보관할 영역 표시]로 '화분'과 '네임택'이 선택되도록 드래그
❻ [제거할 영역 표시]로 '배경'과 '선인장'이 선택되도록 드래그

> **Tip**
> **배경 제거**
> 자주색 부분이 제거될 영역이에요.
> 영역 지정이 끝나면 Esc 를 눌러
> 배경을 제거해 보세요.

❼ 화분과 네임택 부분을 제외하고 모두 제거된 것을 확인

Step 2   3D 모델을 이용해 화분에 식물을 심어요!

❶ [삽입]-[3D 모델]을 클릭

❷ 키워드를 입력하여 원하는 식물 삽입

Tip

3D 모델 검색

3D 모델은 영어로 검색해야 결과를 볼 수 있어요. 'plant' 또는 'flower'를 검색하여 원하는 3D 이미지를 찾아보세요.

❸ 식물 3D 모델을 화분에 배치

❹ 똑같은 방법으로 나머지 화분에 식물 배치

Tip

3D 모델 시점 조정

삽입된 3D 모델을 선택하면 중앙에 조정 핸들(⊕)이 나타나요. 조정 핸들(⊕)을 드래그하여 원하는 각도로 모델을 회전시킬 수 있어요.

Step 3   네임택을 새롭게 디자인해요!

❶ [삽입]-[도형] 클릭
❷ [사각형]-[직사각형] 도형을 삽입
❸ [도형 윤곽선]을 '윤곽선 없음'으로 지정
❹ [도형 채우기]-[스포이트]를 이용해 네임택 주변 색상 선택

> **Tip**
> 이렇게 작업해요!
> • 복사하기 : Ctrl + C
> • 붙여넣기 : Ctrl + V
>
> 네임택과 도형의 색상이 맞지 않을 경우 [도형 채우기]-[스포이트] 기능으로 주변 색상을 선택해 도형 색상을 변경해 보세요.

❺ 도형을 복사하여 우측 네임택에 합성

❻ [1일차] 폴더의 '문구' 이미지로 네임택 꾸미기

강아지 그림을 삽입한 후 얼굴과 일러스트 이미지를 합성해 보세요!

실습 및 완성 : [1일차]-[연습문제]

 →

작성 조건

❶ [1일차]-[연습문제] 폴더에서 원하는 강아지 이미지 삽입
❷ [그림 서식]-[배경 제거] 기능으로 강아지 얼굴만 남기고 삭제
❸ [그림 서식]-[자르기] 기능으로 강아지 이미지의 빈 곳 잘라내기

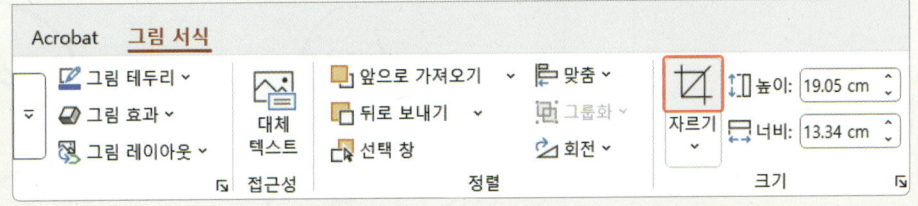

❹ 강아지 캐릭터의 몸통 색을 이미지와 어울리게 변경하고 얼굴 배치

01 3D 그림이 화분 속으로? 9

02일차 오리 캐릭터 굿즈

#배경이미지적용 #투명도지정 #점편집 #도형 병합(통합) #그리기도구

오늘의 디자인 | 옅은 그림을 배경으로 적용한 다음 도형을 삽입하고 편집하여 똑같은 그림을 완성할 수 있어요. 도형으로 만든 캐릭터를 활용해 나만의 굿즈를 만들어 보세요!

실습 및 완성 : [2일차] 폴더

빠삭 Design | 트레이싱 기법이란?

트레이싱은 그림이나 사진 위의 선을 따라 그리는 기법이에요. 형태를 보다 정확하게 익히고 싶을 때 유용하며, 단순한 모사 작업을 넘어 선의 흐름과 구조를 세밀하게 관찰하고 이해하는 데 도움을 줍니다. 이러한 과정을 통해 눈썰미와 표현력을 함께 키울 수 있어요.

Step 1 오리 이미지를 배경으로 적용해요!

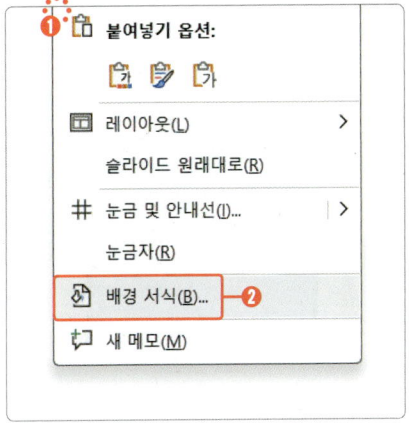

❶ [2일차]-'오리굿즈' 파일 불러오기

❷ 첫 번째 슬라이드 위에서 우클릭하여 [배경 서식] 클릭

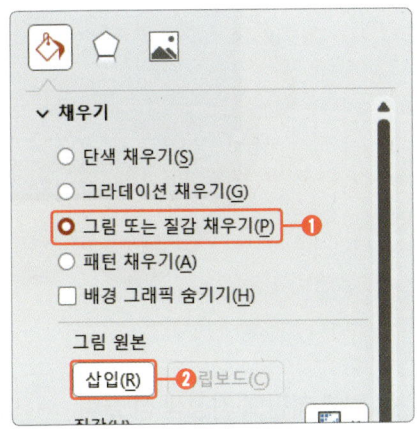

❸ 그림 또는 질감 채우기 → <삽입> 클릭

❹ [2일차]-'캐릭터' 이미지 삽입

❺ 투명도를 60% 정도로 지정

Step 2 점 편집 기능으로 오리의 몸통을 만들어요!

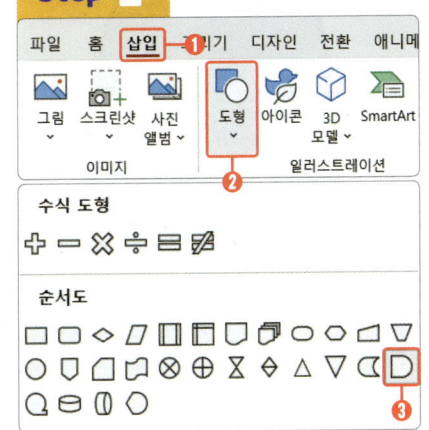

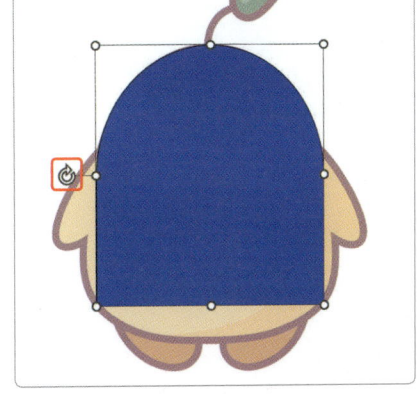

Tip
도형 조절하기
도형 주변에 표시된 ○을 드래그하여 도형의 크기를 조절하고, ↻을 이용해 도형을 회전시킬 수 있어요.

❶ [순서도]-[지연] 선택

❷ 도형을 회전하여 몸통 부분에 배치

02 오리 캐릭터 굿즈

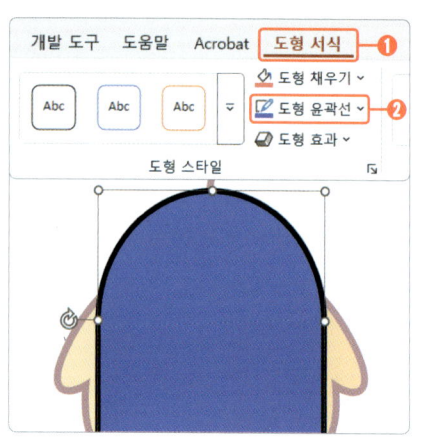
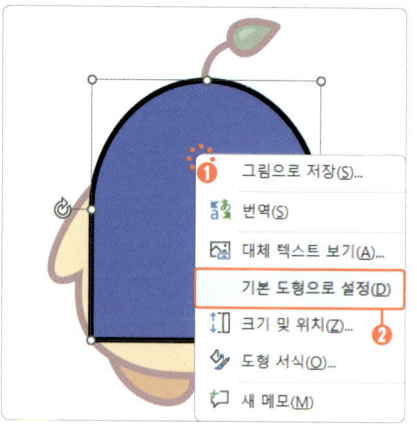

> **Tip**
>
> **도형 윤곽선 변경**
>
> 교재에서는 [도형 서식]-[도형 윤곽선]에서 '검정'을 선택한 다음 [두께]를 6pt 로 변경했어요.

❸ 도형의 윤곽선 색상과 두께를 변경

❹ 윤곽선 서식이 변경되면 우클릭하여 [기본 도형으로 설정]

> **Tip**
>
> **기본 도형으로 설정**
>
> 현재 서식을 기본 도형으로 지정하면, 이후 삽입되는 모든 도형에 동일한 서식이 자동 적용돼요.

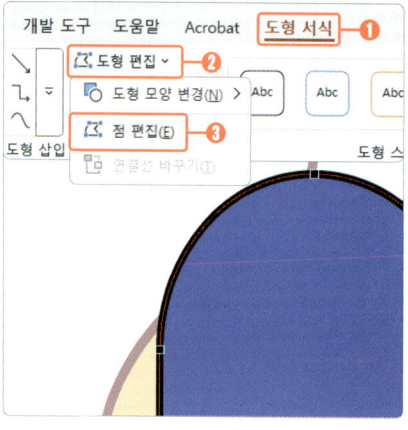

❺ [도형 서식]-[도형 편집]-[점 편집] 클릭

❻ 왼쪽 하단의 검정색 점 클릭

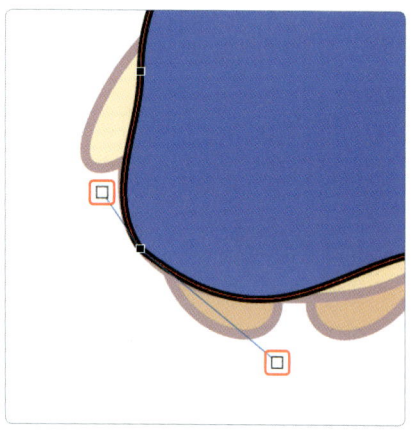
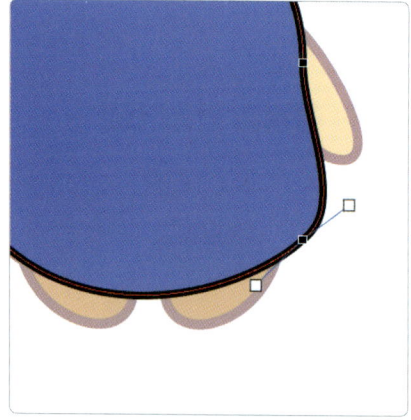

❼ 주변에 표시된 흰색 점을 드래그하여 모양 편집

❽ 똑같은 방법으로 우측 하단 점 편집

❾ Esc 를 눌러 편집이 완료된 도형 확인

Step 3 타원 도구로 오리를 완성해요!

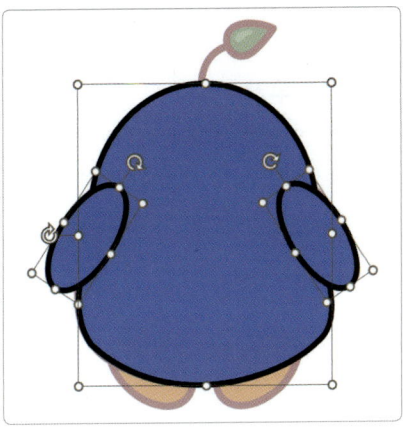

❶ [기본 도형]-[타원]을 2개 삽입하여 팔 만들기

❷ Shift 를 누른 채 몸통과 팔을 각각 선택

❸ [도형 병합]-[통합]을 이용하여 도형 병합

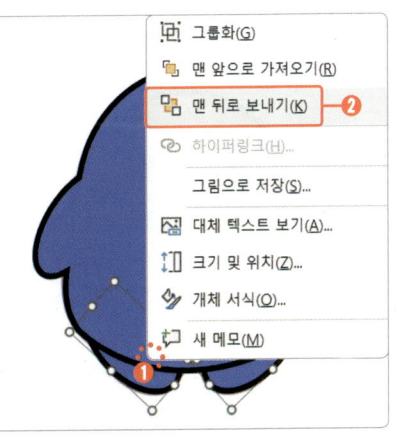

❹ [기본 도형]-[타원]을 2개 삽입하여 다리 만들기

❺ [맨 뒤로 보내기]를 이용해 다리를 뒤쪽으로 이동

❻ [기본 도형]-[타원]을 삽입

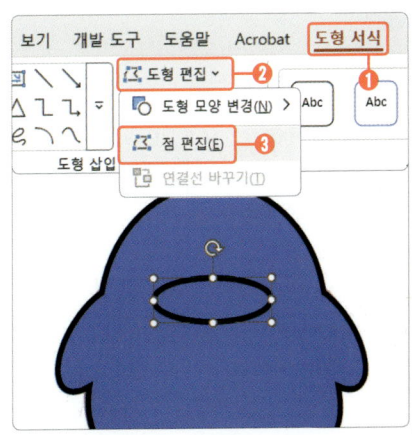
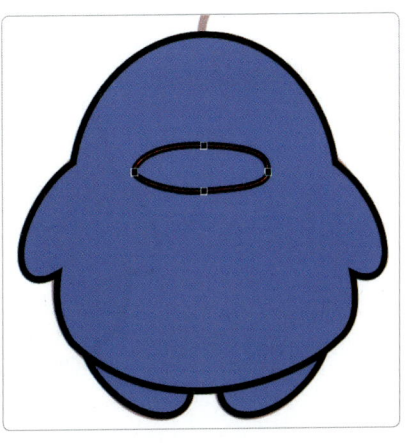

❼ [도형 서식]-[도형 편집]-[점 편집] 클릭

❽ 오리 주둥이 완성

> **Tip**
>
> **점 편집**
>
> 검정색 점을 이용해 도형의 윤곽을 조절할 수 있고, 흰색 점으로 곡선의 방향과 각도를 편집할 수 있어요.

Step 4 그리기 도구를 활용해 캐릭터를 완성하고 굿즈 작품을 만들어요!

❶ 도형의 채우기 색상을 자유롭게 변경

> **Tip**
>
> **도형 채우기**
>
> [도형 채우기]-[다른 채우기 색] 메뉴를 이용하면 다양한 색을 찾아 선택할 수 있어요.

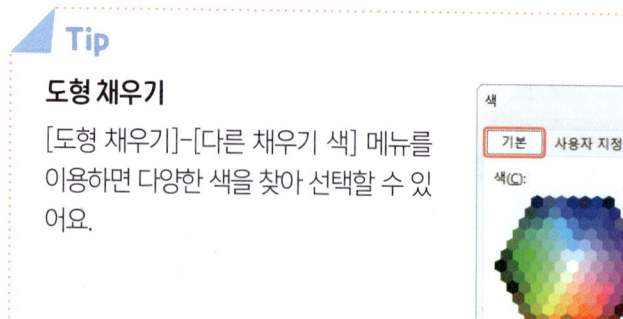

❷ 그리기 도구로 두께와 색을 지정해 눈 그리기

❸ 색을 변경해 반짝이 효과 그리기

❹ Shift 를 누른 채 반짝이 효과를 선택 후 [개체 서식] 클릭

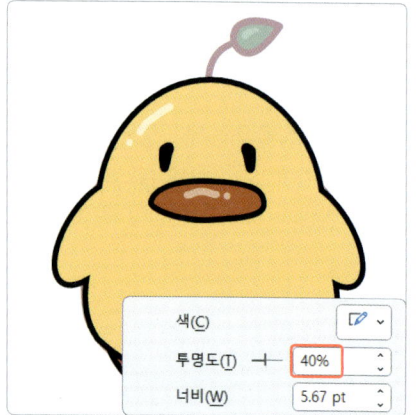

❺ 투명도를 40% 정도로 지정

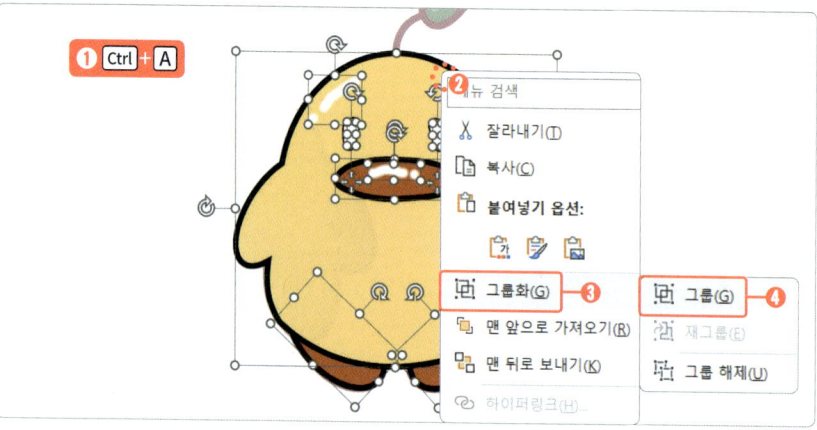

❻ Ctrl + A 를 눌러 모든 도형 선택
❼ [그룹화]-[그룹]

14

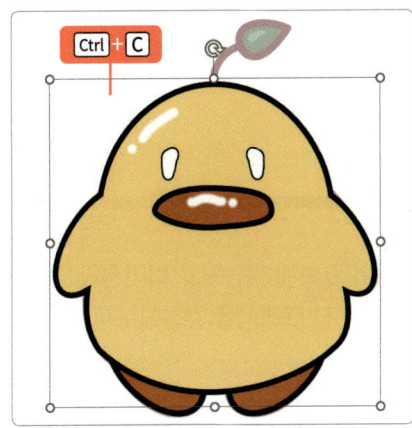

❽ Ctrl+C를 눌러 복사

❾ [슬라이드 2]에서 그림으로 붙여넣기

❿ 그리기 도구와 슬라이드 주변 이미지를 활용해 작품 완성하기

Design 플러스 점 편집, 병합, 그리기 기능을 이용해 진저브레드 캐릭터를 완성해 보세요!

실습 및 완성 : [2일차]-[연습문제]

 ➜

 작성 조건

❶ 도형을 삽입한 다음 [도형 서식]-[점 편집] 기능으로 배경 몸통을 따라 도형 그리기

❷ 모든 도형 선택 후 [도형 병합]-[통합]으로 합치기

❸ 몸통 위에서 우클릭하여 [도형 서식] 선택 → 투명도를 '0%'로 지정 → 채우기 색 변경

❹ 진저브레드를 두 번째 슬라이드에 배치한 후 [그리기] 도구를 활용해 꾸미기

#도형삽입 #슬라이드복제 #화면전환효과

03일차 패션 스타일 모션 그래픽

오늘의 디자인 | 연도별 유행했던 패션 스타일을 슬라이드에 담아볼 거예요. 슬라이드 복제 기능으로 이미지와 연도를 바꾸고, 모핑 효과로 자연스럽게 연결하여 멋진 패션 스타일 모션 그래픽을 완성해보세요!

실습 및 완성 : [3일차] 폴더

 자연스럽게 이어지는 '모핑 효과'

파워포인트의 모핑 효과는 두 슬라이드의 위치, 크기, 색상, 모양을 자동으로 이어주는 마법 같은 전환 기능이에요. 슬라이드를 복제한 후 도형의 위치나 크기만 살짝 바꾸면, 모핑 효과가 두 슬라이드를 '애니메이션처럼' 자연스럽게 연결해줘요. 복잡한 애니메이션 없이도 부드러운 움직임을 만들 수 있답니다!

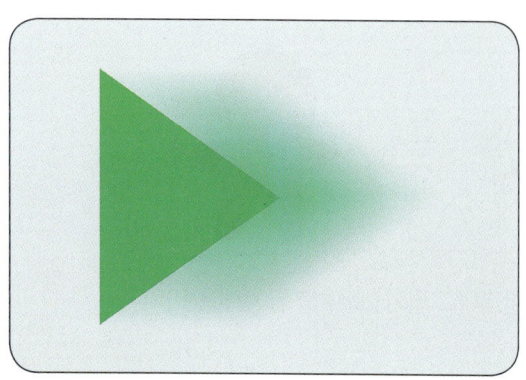 

Step 1 도형을 넣어 숫자를 숨겨요!

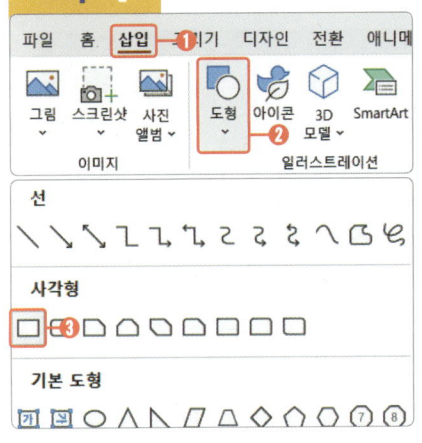

❶ [3일차]-'패션변화' 파일 불러오기
❷ [사각형]-[직사각형] 선택
❸ 숫자 1과 2가 가려지도록 도형을 삽입

> **Tip**
> **이렇게 작업해요!**
> [스포이트] 도구를 이용해 오른쪽 배경(검정색)을 선택하여 숫자를 가려줍니다. 완성된 도형을 Ctrl + Shift 를 누른 채 드래그하면 복사도 간편하게 할 수 있어요!

❹ '윤곽선 없음'을 지정한 후 [스포이트]를 이용해 색상 변경
❺ 숫자 4와 5가 가려지도록 도형을 작업

> **Tip**
> **개체 이동하기**
> Shift 를 누른 채 개체를 드래그하면 가로 또는 세로 방향으로 반듯하게 이동할 수 있습니다. 이때, 숫자 위쪽과 아래쪽에 삽입된 도형이 선택되지 않도록 유의해 주세요.

❻ Shift 를 누른 채 숫자를 세로로 드래그하여 연도를 '1770'으로 맞추기

03 패션 스타일 모션 그래픽

Step 2 슬라이드를 복제한 후 연도와 이미지를 변경해요!

① 첫 번째 슬라이드에서 우클릭하여 [슬라이드 복제] 클릭
② 두 번째 슬라이드의 연도를 변경하고, Shift 를 누른 채 기존 이미지를 슬라이드 왼쪽 밖으로 이동

③ 두 번째 슬라이드를 복제
④ 세 번째 슬라이드의 연도를 변경하고, Shift 를 누른 채 기존 이미지를 슬라이드 왼쪽 밖으로 이동

⑤ 세 번째 슬라이드를 복제
⑥ 네 번째 슬라이드의 연도를 변경하고, Shift 를 누른 채 기존 이미지를 슬라이드 왼쪽 밖으로 이동

❼ [슬라이드 5] 작업

❽ [슬라이드 6] 작업

❾ [슬라이드 7] 작업

❿ [슬라이드 8] 작업

Step 3 슬라이드에 모핑 전환 효과를 적용해요!

❶ 미리 보기 창에서 [슬라이드 1] 클릭
❷ Ctrl + A 를 눌러 모든 슬라이드를 선택

❸ 모든 슬라이드가 선택된 것을 확인

❹ [모핑] 슬라이드 화면 전환 효과를 선택

> **Tip**
> **작품을 감상해요!**
> F5 를 눌러 슬라이드 쇼가 실행되면 화면을 클릭하여 모핑 효과가 적용된 것을 확인할 수 있어요.

Design 플러스 — 모핑효과로 미술관을 거니는 듯한 애니메이션을 만들어요!

실습 및 완성 : [3일차]-[연습문제]

작성 조건

① 첫 번째 슬라이드를 복제
② 복제된 두 번째 슬라이드의 이미지를 확대한 후 왼쪽 작품이 잘 보이도록 위치 조정
③ 첫 번째 슬라이드를 복제하여 세 번째 슬라이드로 배치
④ 두 번째 슬라이드를 복제하여 네 번째 슬라이드로 배치한 후 가운데 작품이 잘 보이도록 위치 조정
⑤ 첫 번째 슬라이드를 복제한 후 다섯 번째 슬라이드로 배치
⑥ 두 번째 슬라이드를 복제하여 여섯 번째 슬라이드로 배치한 후 오른쪽 작품이 잘 보이도록 위치 조정

▲ 슬라이드 1　　　　▲ 슬라이드 2　　　　▲ 슬라이드 3

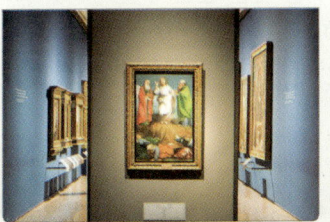  

▲ 슬라이드 4　　　　▲ 슬라이드 5　　　　▲ 슬라이드 6

⑦ 모든 슬라이드를 선택하여 [전환]-[모핑] 효과를 적용

#선 #3차원회전 #3D모델 #그림으로붙여넣기

04일차 평면도를 활용한 실내인테리어

오늘의 디자인 | 실제 평면도 위에 선 도형을 추가한 후 3차원 회전 기능을 활용해 아이소매트릭 효과를 줄 수 있어요. 파워포인트에서 제공하는 3D 모델 기능으로 가구나 소품을 배치해 보세요.

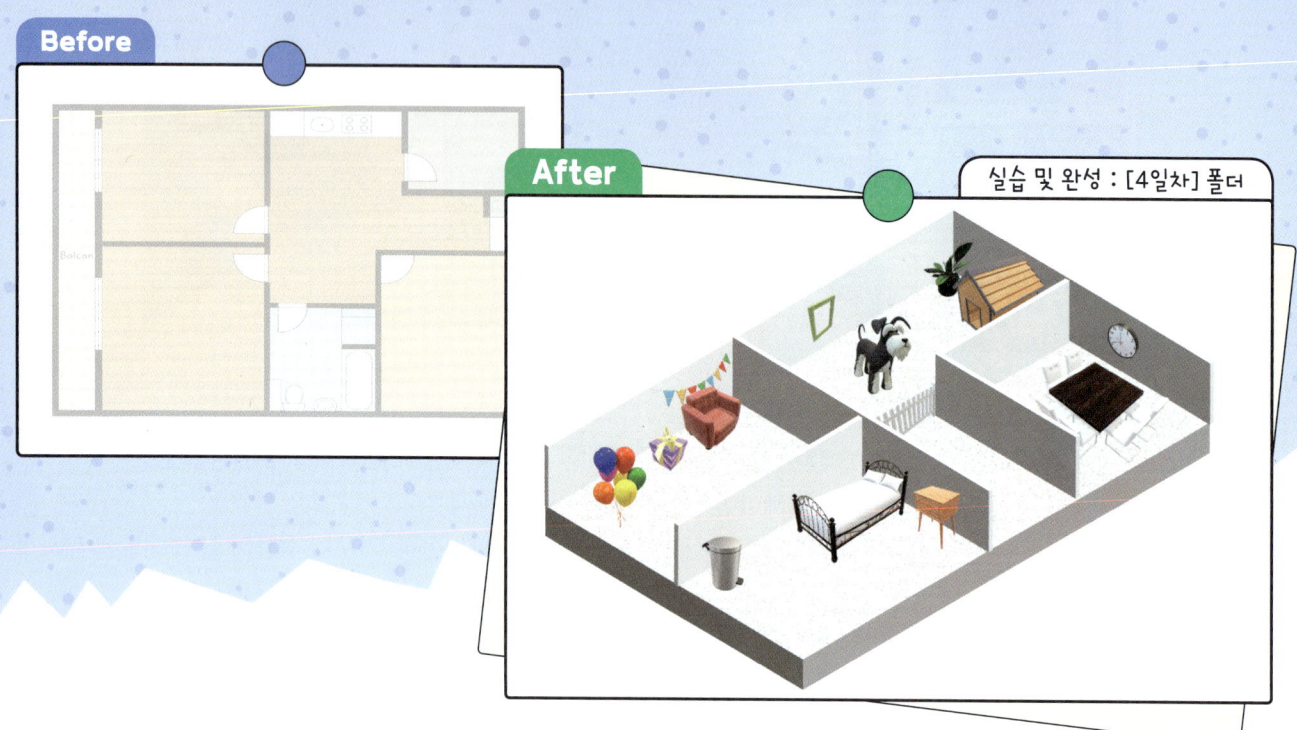

실습 및 완성 : [4일차] 폴더

빠삭 Design | 입체와 단순함의 만남, 아이소매트릭

아이소매트릭은 앞, 옆, 위를 같은 비율로 그려서 물체를 입체적으로 표현하는 방식이에요. 마치 장난감 집을 위에서 살짝 비스듬히 내려다보는 것처럼 보이기 때문에 건물이나 방 안을 한눈에 볼 수 있지요. 원근법이 적용되지 않아 멀리 있는 물체도 가까이 있는 물체와 같은 크기로 또렷하게 보여요.

 →   →

Step 1 평면도를 따라 그려요!

> **Tip**
> **[자유형: 도형] 그리기**
> Shift를 누른 채 시작점을 선택한 후 꺾일 지점을 클릭하여 선을 연결해요. 마지막 끝나는 지점에서 Esc를 누르면 'ㄱ' 모양의 선을 그릴 수 있어요!

❶ [4일차]-'실내인테리어' 파일 불러오기
❷ Shift를 이용하여 [선]-[자유형: 도형] 도형을 'ㄱ' 모양으로 삽입

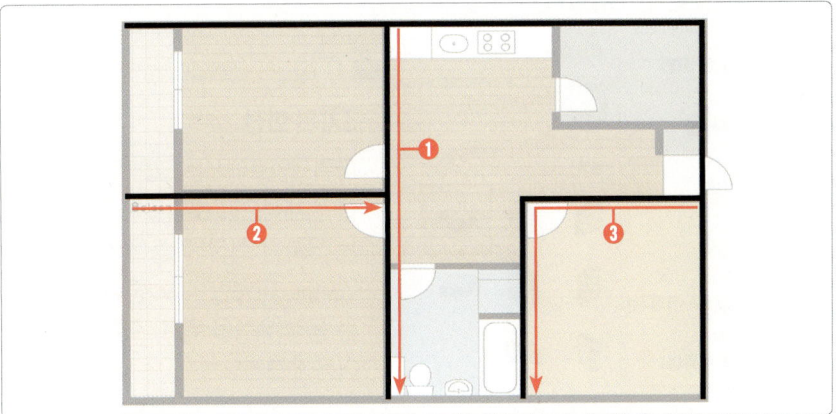

> **Tip**
> **작업에 참고해요!**
> 우측 하단 방은 'ㄱ'자 형태로, 왼쪽 공간은 직선 두 개를 그려 나누었어요. 평면도를 참고하여 원하는 대로 공간을 완성해 보세요.

❸ 똑같은 방법으로 [선]-[자유형: 도형]을 삽입하여 공간을 분리

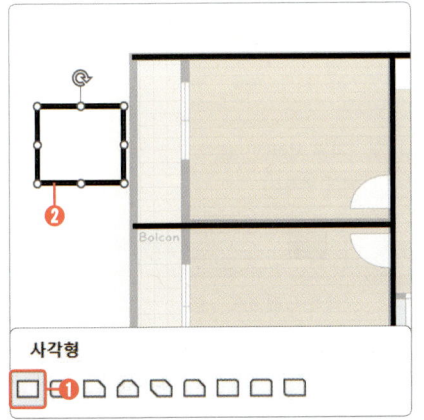  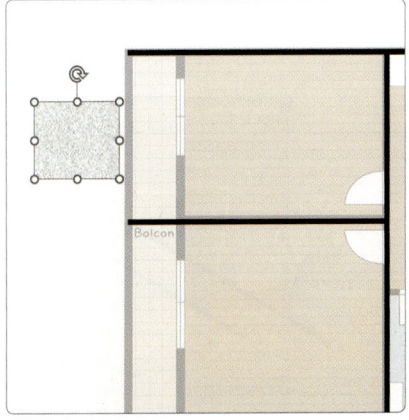

❹ [사각형]-[직사각형] 도형을 삽입
❺ [도형 채우기]-[질감]에서 원하는 질감 선택
❻ [도형 윤곽선]을 '윤곽선 없음'으로 지정

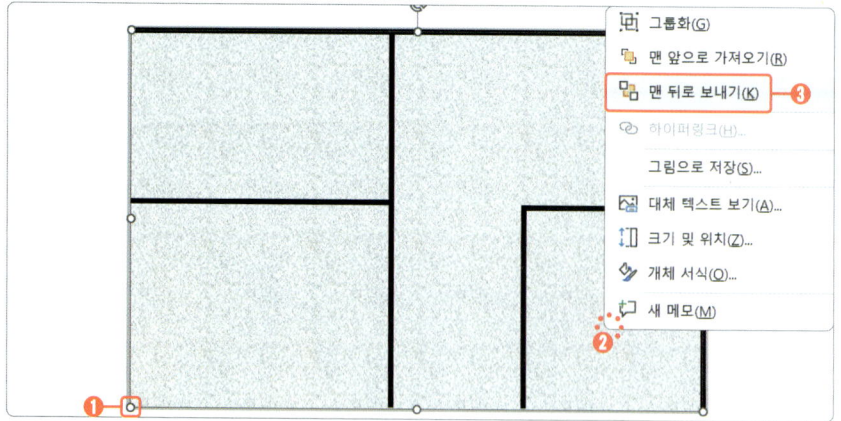

❼ 평면도에 맞추어 도형의 크기 및 위치 조절
❽ [맨 뒤로 보내기]를 이용해 평면도 뒤쪽으로 도형을 이동

Step 2 평면도를 아이소매트릭 형태로 변경해요!

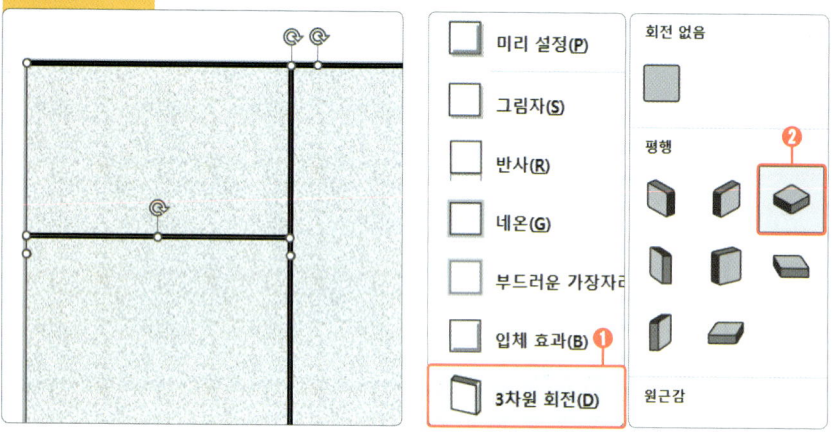

❶ Ctrl+A를 눌러 전체 개체 선택

❷ [도형 효과]-[3차원 회전]-[등각: 위쪽을 위로] 클릭

Tip

3차원 회전

파워포인트에서는 그림 또는 도형을 입체적으로 보이도록 만들어주는 '3차원 회전' 기능을 제공하고 있어요. 다양한 각도 중에서 오늘은 등각(위쪽을 위로) 회전 방식을 이용해 볼게요.

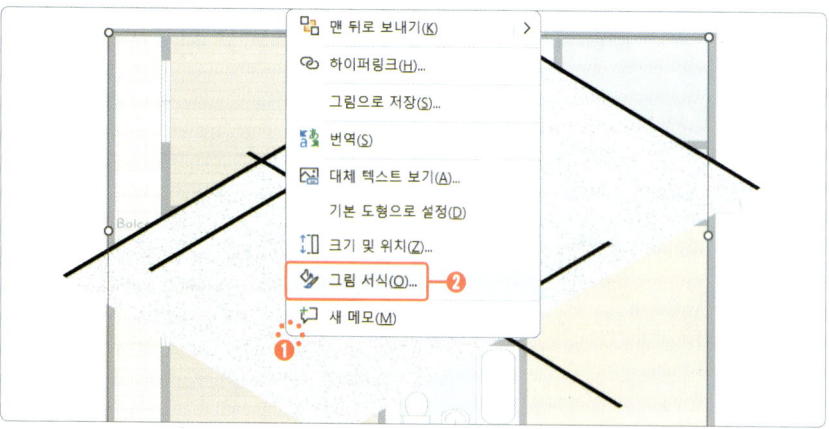

❸ 직사각형(바닥) 도형 위에서 우클릭하여 [그림 서식] 클릭

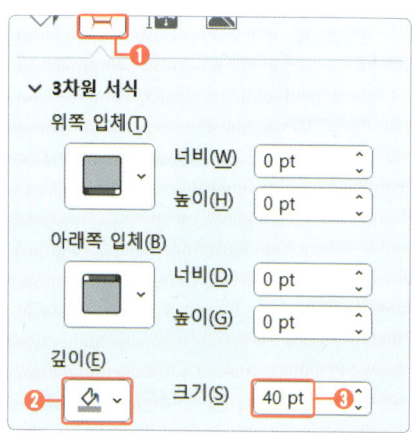

❹ [3차원 서식]에서 '깊이'의 옵션 변경

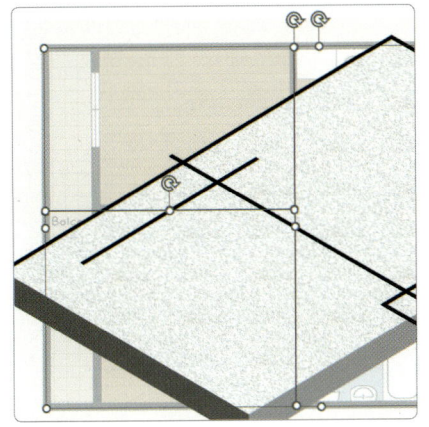

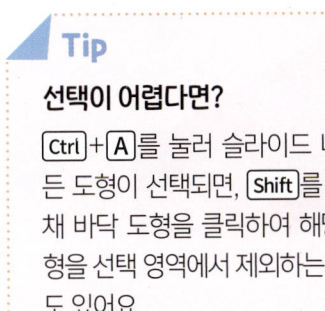

> **Tip**
>
> **선택이 어렵다면?**
> Ctrl+A를 눌러 슬라이드 내 모든 도형이 선택되면, Shift를 누른 채 바닥 도형을 클릭하여 해당 도형을 선택 영역에서 제외하는 방법도 있어요.

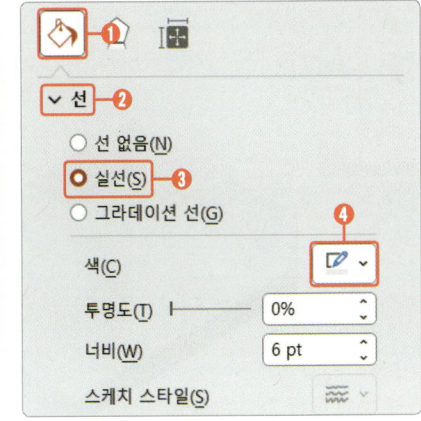

❺ 선으로 작업된 도형을 모두 선택

❻ 실선의 색상을 변경

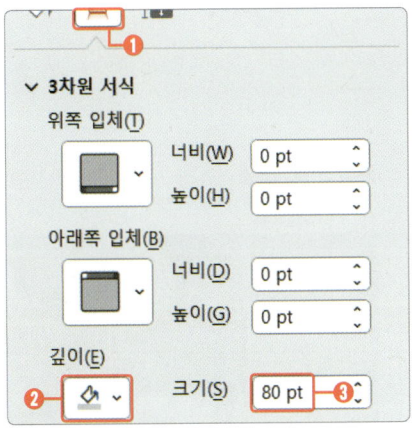

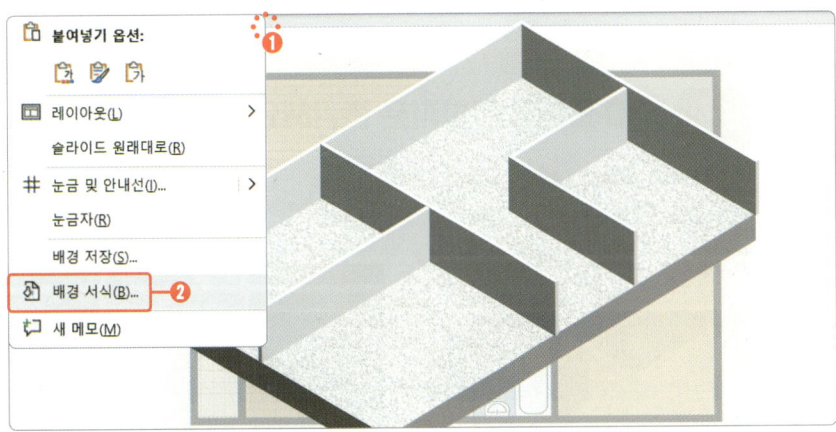

❼ [3차원 서식]에서 '깊이'의 옵션 변경

❽ 깊이가 적용되면서 흐트러진 벽을 드래그하여 공간 완성

❾ 슬라이드 빈 공간 위에서 [배경 서식] 클릭

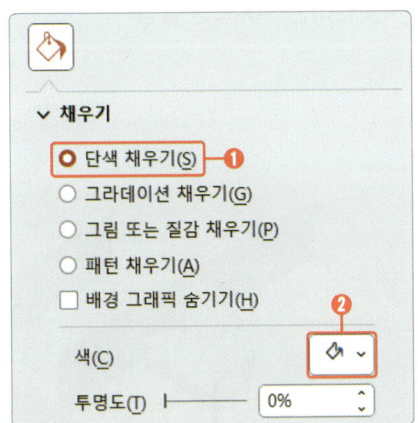

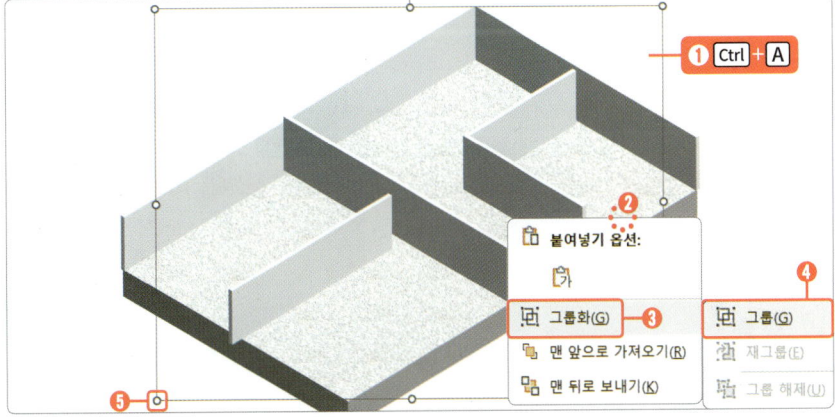

❿ 단색 채우기(흰색) 적용

⓫ Ctrl+A를 눌러 전체 개체 선택 후 [그룹화]-[그룹] 지정

⓬ Shift를 누른 채 대각선 조절점으로 크기 조절

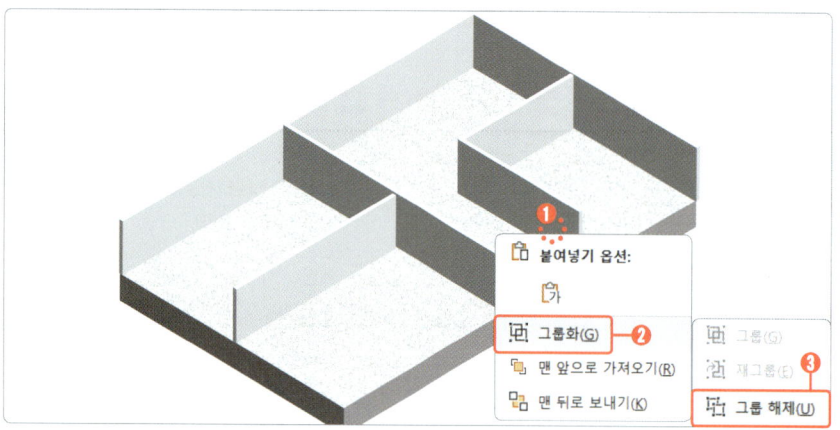

⑬ 개체 위에서 [그룹화]-[그룹 해제]를 클릭
⑭ 틀어진 도형의 위치를 다시 맞추기

Step 3   3D 모델을 이미지로 변환해요!

❶ [삽입]-[3D 모델]을 클릭

❷ [Plan a Space] 카테고리 선택

❸ 원하는 3D 모델 삽입

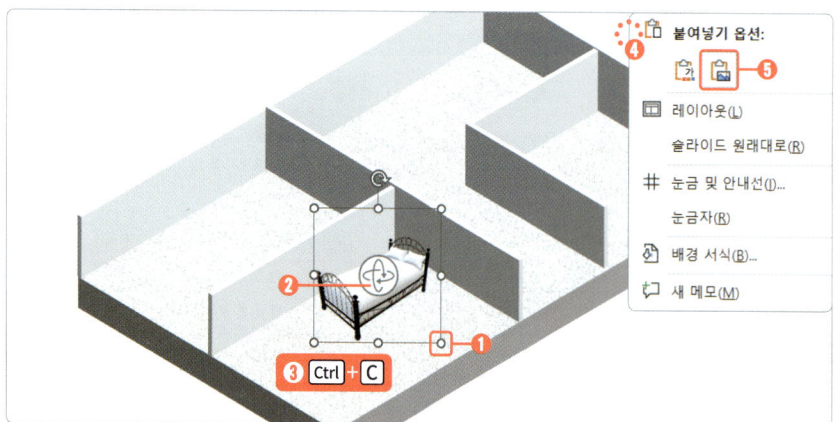

❹ 크기 및 시점을 조절하여 공간에 배치 후 Ctrl+C를 눌러 복사
❺ 슬라이드의 빈 곳 위에서 그림으로 붙여넣기

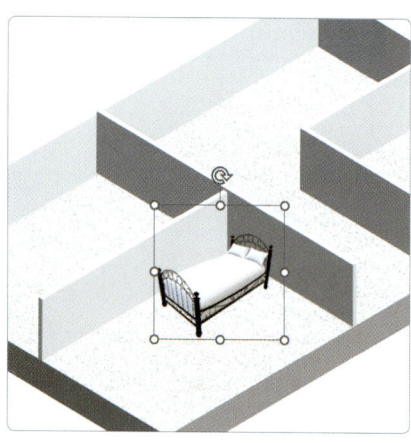

❻ 3D 모델 삭제 후 복사된 그림을 배치

> **Tip**
>
> **3D 모델을 이미지로!**
> 3D 모델은 파일 용량이 매우 크기 때문에 파워포인트 프로그램이 느려질 수 있어요. 배치가 끝난 3D 모델은 이미지로 바꿔서 가볍게 활용하는 것이 좋아요.

❼ 똑같은 방법으로 다양한 카테고리에서 3D 모델을 삽입
❽ 3D 모델을 이미지로 변환해 실내 공간을 예쁘게 꾸며보기

 **도형을 3차원 회전시켜 벽을 만들고, 원하는 패턴을 채워 보세요!**

실습 및 완성 : [4일차]-[연습문제]

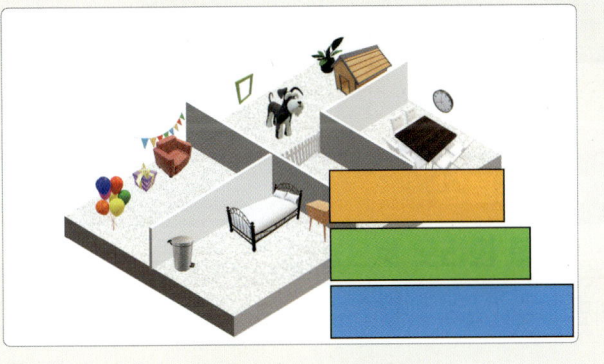 →

작성 조건

❶ 삽입된 주황색과 녹색 도형을 선택 → [도형 서식]-[도형 효과]-[평행-등각: 오른쪽을 위로]를 적용한 후 배치
❷ 삽입된 파란색도형을 선택 → [도형 서식]-[도형 효과]-[평행-등각: 왼쪽을 아래로]를 적용한 후 배치
❸ 벽 도형을 [4일차]-[연습문제] 폴더 안의 패턴 이미지로 채우기
❹ 바닥 도형을 [4일차]-[연습문제] 폴더 안의 패턴 이미지로 채우기

#슬라이드마스터 #그림자르기 #그리기도구 #애니메이션

05일차 감각적인 라인드로잉 작품

오늘의 디자인 | 슬라이드 마스터에 이미지를 삽입한 뒤, 필요한 부분만 잘라내도록 해요. 그다음 트레이싱하듯 그리기도구로 선을 따라 그려 라인드로잉 작품을 완성해 보세요.

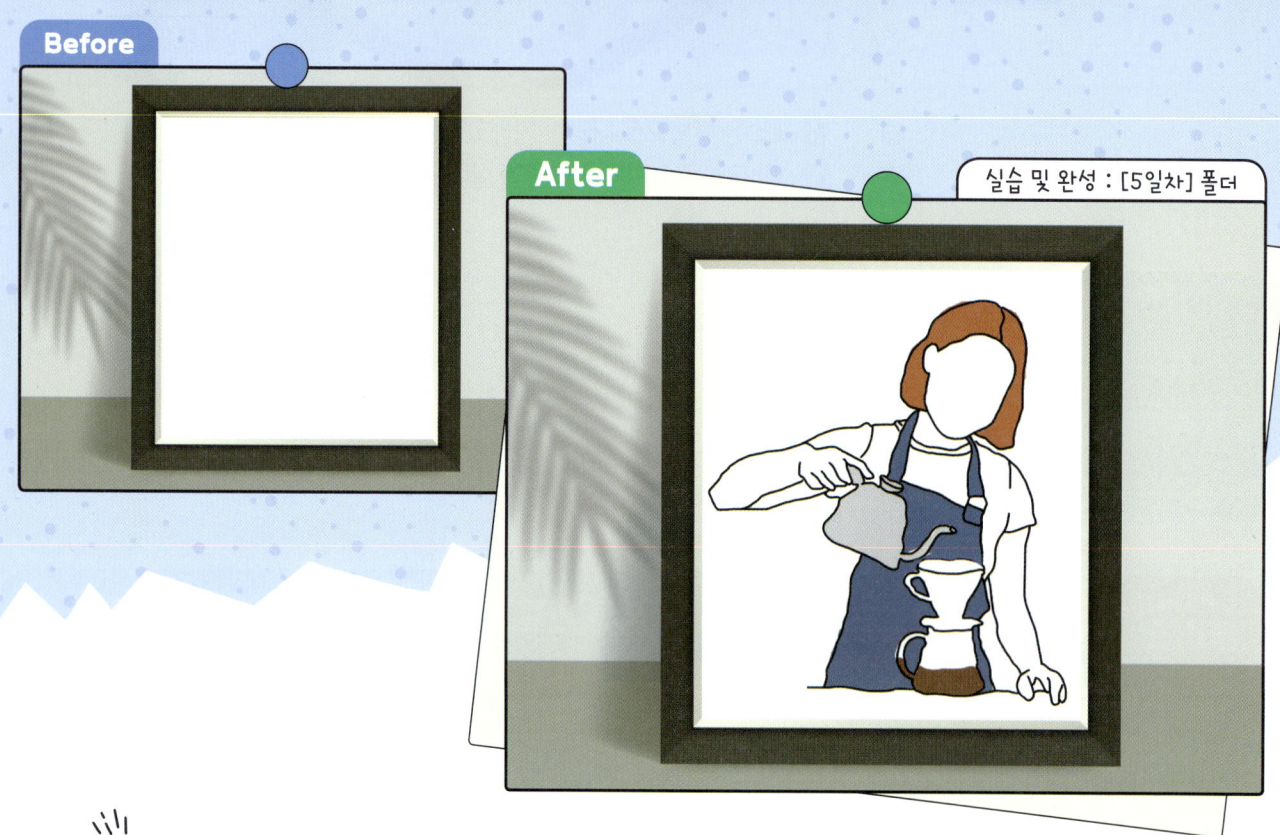

Before

After

실습 및 완성 : [5일차] 폴더

빠삭 Design | 선으로 표현하는 라인드로잉

라인드로잉은 선(Line)만으로 그림을 표현하는 기법이에요. 색이나 명암 없이도, 선만으로 형태와 감정을 담아낼 수 있죠. 사진을 따라 선을 그리는 트레이싱 기법을 활용하면 누구나 쉽게 시작할 수 있어요. 사물의 외곽선만 따라 그려도, 감각적인 작품이 완성될 거예요!

 →

Step 1 슬라이드 마스터에 그림을 배치해요!

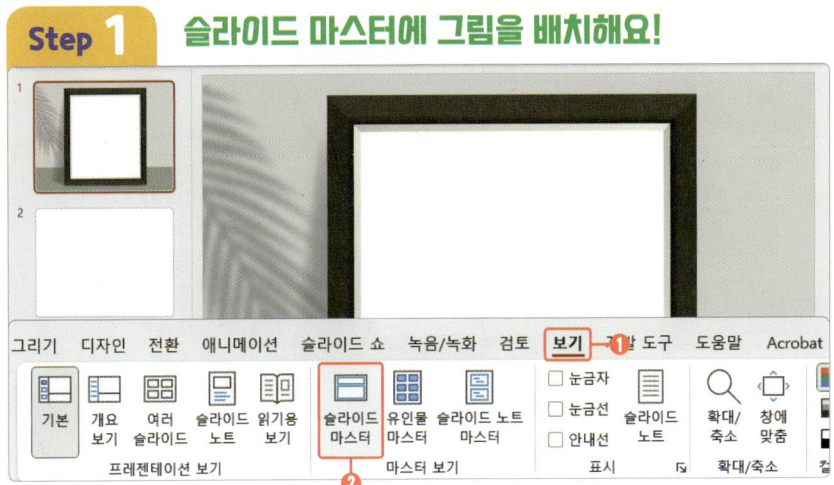
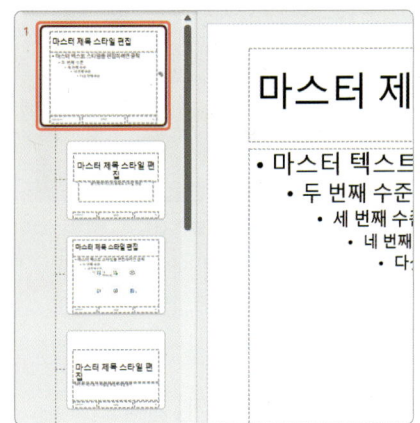

① [5일차]-'라인드로잉' 파일 불러오기
② [보기]-[슬라이드 마스터] 클릭
③ 맨 위쪽의 마스터 슬라이드 선택

④ [5일차] 폴더에서 원하는 직업 이미지를 삽입
⑤ 자르기 기능을 이용해 인물 중심으로 자르기 조절점을 이동
⑥ Esc 를 눌러 자른 범위를 적용

> **Tip**
> **슬라이드 마스터**
> 슬라이드 마스터에 이미지를 삽입하는 작업을 할 때 표시되는 텍스트 상자는 디자인에 영향을 주지 않으므로 따로 지우지 않아도 괜찮아요.

⑦ 적당한 크기와 위치로 그림을 조절
⑧ 그림의 투명도를 30% 정도로 지정

05 감각적인 라인드로잉 작품 29

❾ [마스터 보기 닫기] 클릭
❿ 첫 번째 슬라이드 위에서 우클릭하여 [배경 서식] 클릭
⓫ 배경 그래픽 숨기기 항목에 체크 후 두 번째 슬라이드 선택

Step 2 그리기 도구로 그림의 라인을 따라 그려요!

❶ 그리기 도구를 이용해 라인 따라 그리기

> **Tip**
>
> **이렇게 작업했어요!**
>
> • 펜 도구를 선택한 후 검정색과 0.5mm의 두께로 지정
>
>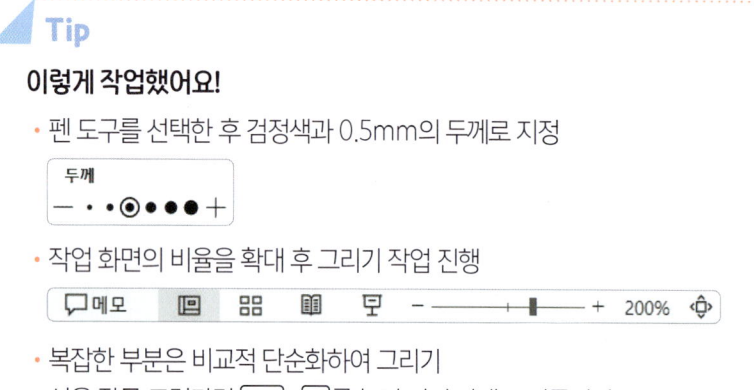
>
> • 작업 화면의 비율을 확대 후 그리기 작업 진행
>
> • 복잡한 부분은 비교적 단순화하여 그리기
> • 선을 잘못 그렸다면 Ctrl + Z 를 눌러 이전 단계로 되돌리기

❷ Esc 를 눌러 그리기 작업 종료
❸ 슬라이드의 빈 곳 위에서 우클릭하여 [배경 서식] 클릭
❹ 배경 그래픽 숨기기 항목에 체크

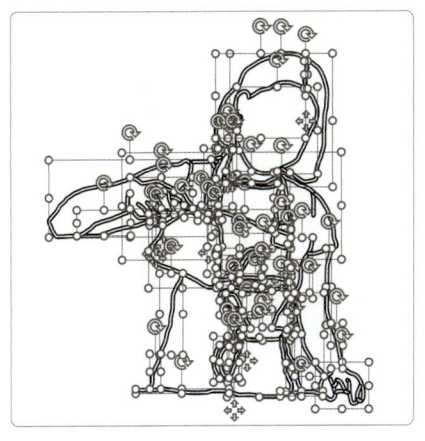 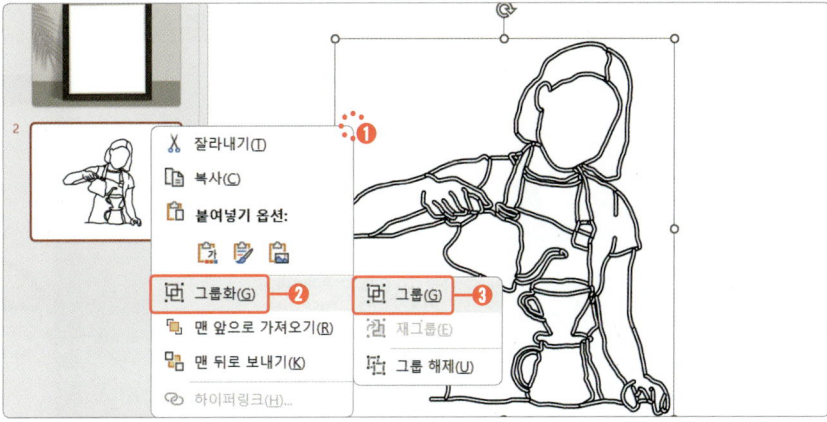

❺ Ctrl+A를 눌러 모든 개체를 선택

❻ 각 개체를 하나의 그룹으로 지정

Step 3 도형을 이용해 강조하고 싶은 부분에 색을 채워요!

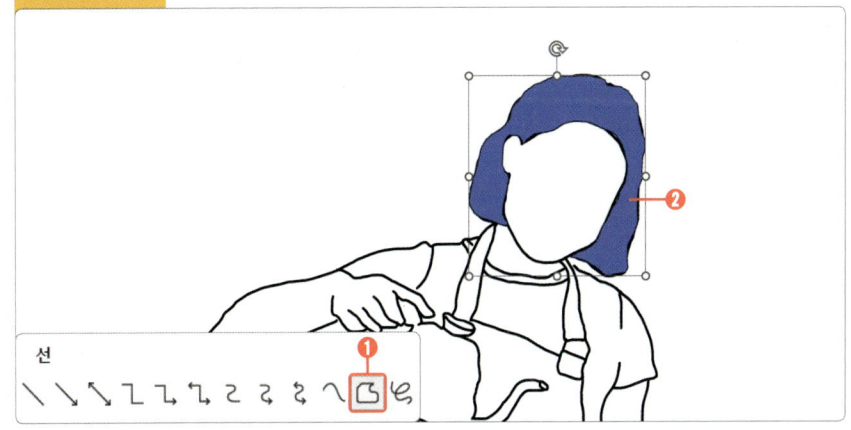

> **Tip**
> **그리기가 어렵다면!**
> 작업 화면의 비율을 확대한 후 작업하는 것이 편리해요. 면 색상이 선 밖으로 살짝 벗어나도 감각적인 작품처럼 보일 수 있어요. 자유롭게 삐뚤빼뚤 그리면서 나만의 개성 있는 아트를 완성해 보세요.

❶ [선]-[자유형: 도형] 선택
❷ 라인드로잉 작품에서 색을 적용하려는 부분을 드래그

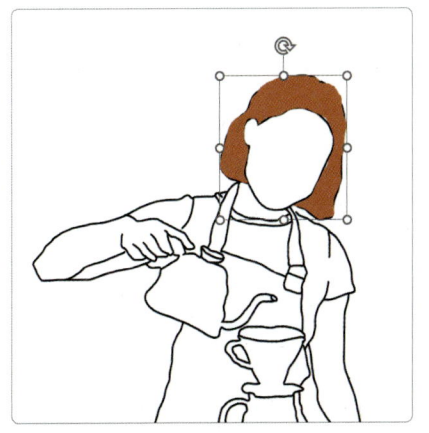  

❸ 윤곽선 없음을 지정 후 채우기 색 변경

❹ 도형을 [맨 뒤로 보내기]

❺ 같은 방법으로 원하는 부분에 색상 적용

Step 4 완성된 라인드로잉 작품을 액자에 배치해요!

❶ 모든 개체를 그룹으로 지정 후 복사(Ctrl+C)
❷ 첫 번째 슬라이드에 붙여넣기(Ctrl+V)
❸ Shift를 누른 채 대각선 조절점으로 크기 조절

Step 5 작품에 애니메이션을 적용해요!

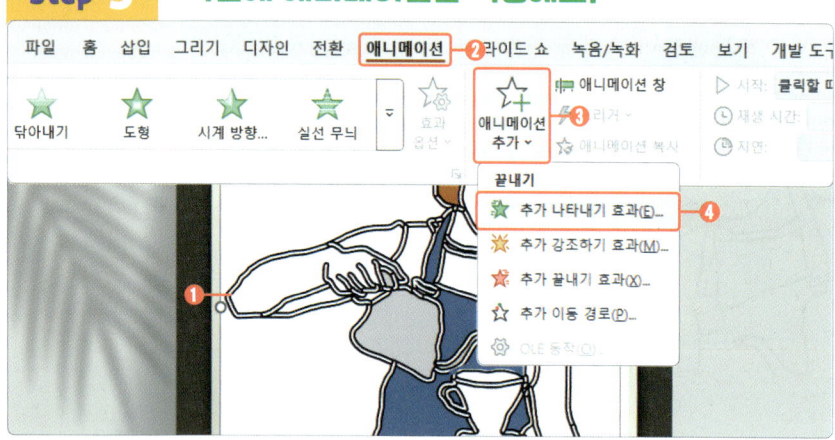
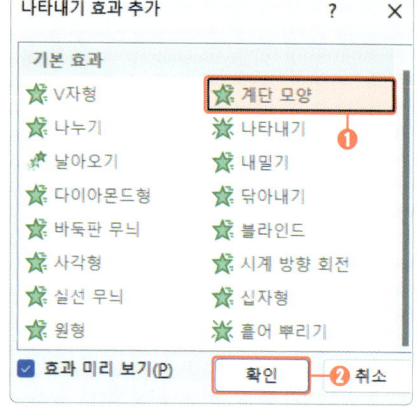

❶ 개체를 선택한 후 [애니메이션 추가]-[추가 나타내기 효과]를 클릭
❷ [기본 효과]-[계단 모양]을 선택

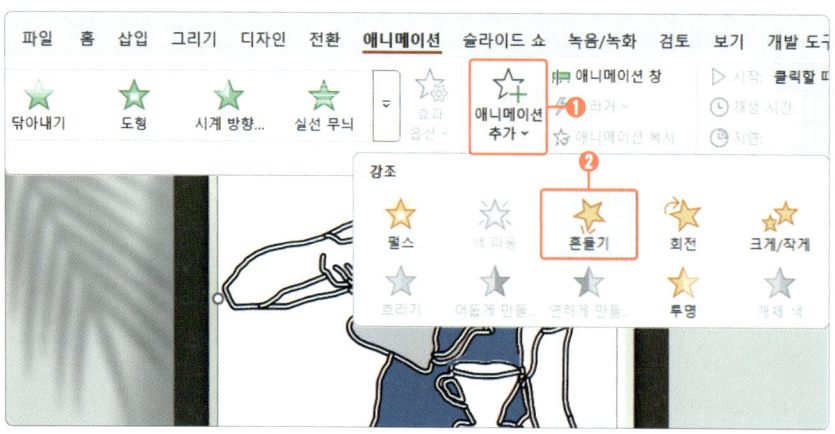
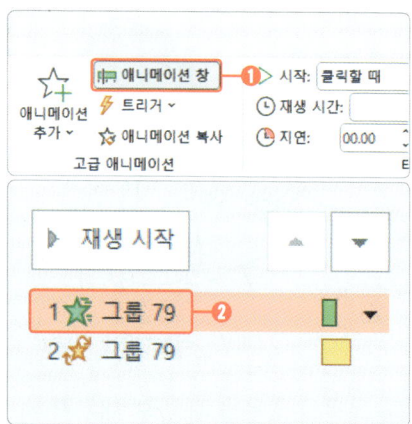

❸ 이번에는 [애니메이션 추가]-[강조]-[흔들기]를 선택
❹ [애니메이션 창] 클릭
❺ 나타내기 애니메이션 더블클릭

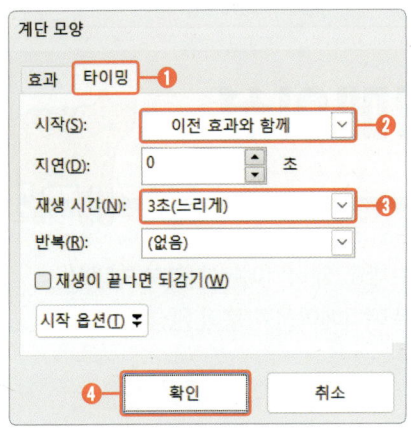
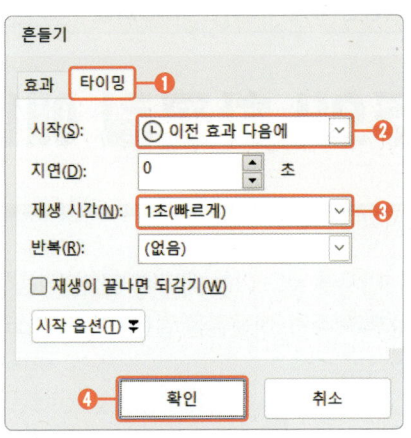

❻ [타이밍] 탭에서 옵션 변경

❼ 강조 애니메이션 목록 더블 클릭 후 [타이밍] 옵션 변경

> **Tip**
>
> **애니메이션 확인하기**
>
> F5를 눌러 슬라이드 쇼를 시작해 보세요. 먼저 계단식으로 천천히 나타나는 애니메이션이 실행되고, 이어서 흔들기 효과가 실행될 거예요.

그리기 도구를 활용해 라인드로잉 작품을 만들어 보세요!

실습 및 완성 : [5일차]-[연습문제]

작성 조건

❶ [그리기] 도구를 활용하여 두 번째 슬라이드의 이미지 트레이싱
❷ 작업된 선을 전체 선택 후 그룹으로 지정
❸ [선]-[자유형: 도형]을 이용하여 강조하고 싶은 부분에 도형 삽입 → 도형 서식 변경
❹ 작업된 선과 면적을 전체 선택 후 그룹으로 지정 → 복사(Ctrl+C)
❺ 첫 번째 슬라이드에 붙여넣기(Ctrl+V)
❻ 원하는 애니메이션 적용
❼ 불필요한 두 번째 슬라이드 삭제

#슬라이드크기 #그림삽입 #애니메이션 #3D모델

06일차 신남 주의! 하굣길 애니메이션

오늘의 디자인 | 길게 이어진 배경 이미지를 넣고 이동 애니메이션을 적용해 보세요. 캐릭터에는 천천히 확대되는 효과와 걷는 모션을 함께 주면, 하굣길을 걸어가는 자연스러운 애니메이션 작품이 완성돼요.

Before

After

실습 및 완성 : [6일차] 폴더

 | **원근감의 마법 원리**

디자인에서 '원근감'은 평면에 거리와 깊이를 표현하는 기법이에요. 가까운 건 크게, 멀리 있는 건 작게 보여주면 단순한 장면도 입체적으로 살아나죠. 크기만 조절해도 시선이 자연스럽게 앞뒤로 이동하면서, 공간감과 생동감이 느껴져요. 원근감은 꼭 알아둬야 할 디자인의 기본 테크닉 중 하나예요!

34

Step 1 학교 배경 이미지를 추가한 후 슬라이드보다 크게 배치해요!

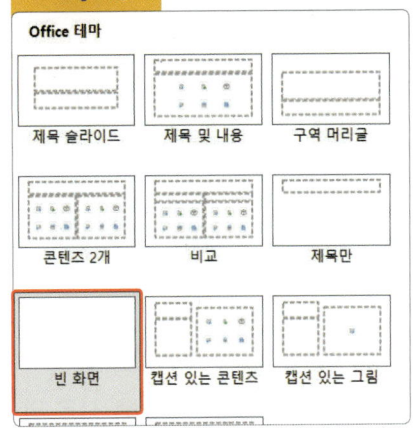 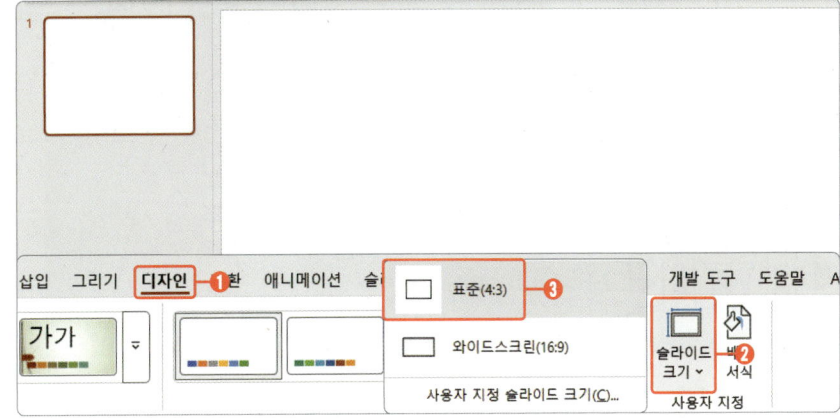

❶ 파워포인트를 실행 후 [레이아웃]-[빈 화면]을 지정

❷ 슬라이드 크기를 [표준 4:3]으로 선택

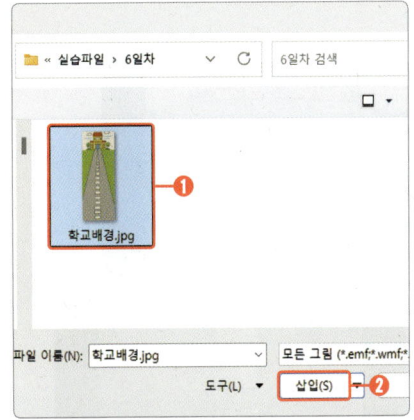 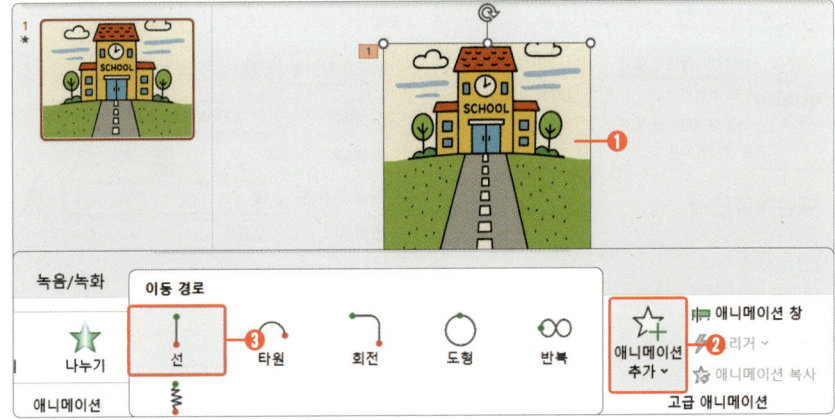

❸ [6일차] 폴더에서 '학교배경' 이미지를 삽입

❹ 화면 우측 하단에서 확대 비율을 축소
❺ 슬라이드 가로 비율에 맞추어 그림의 크기를 조절

> **Tip**
> **그림 크기 조절하기**
> 이미지의 상단 부분이 슬라이드에 꽉 차게 표시되도록 크기를 조절해 보세요. 이미지의 아래쪽은 슬라이드 밖으로 배치 될 거예요.

❻ 개체를 선택한 후 [애니메이션 추가]-[이동 경로]-[선]을 클릭

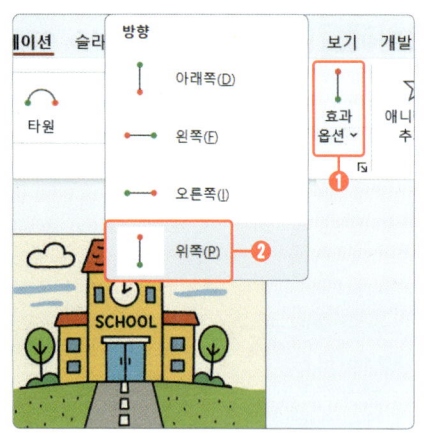
❼ [효과 옵션]-[위쪽] 선택

❽ 이동 방향이 표시된 화살표를 선택

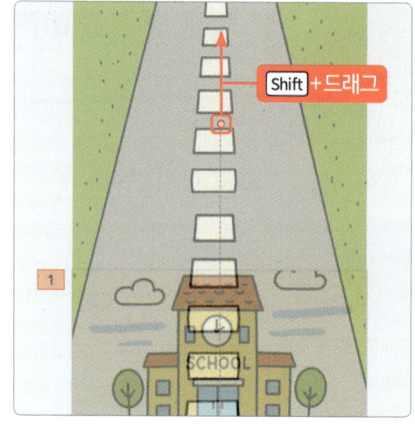
❾ Shift 를 누른 채 빨간색 점을 위쪽으로 드래그

> **Tip**
>
> **이렇게 작업해요!**
>
> Shift 를 누른 채 빨간색 점을 위쪽으로 드래그하면 이미지의 하단까지 보이도록 애니메이션이 적용될 거예요. F5 를 눌러 이동 반경을 조절하면서 작업해 보세요.

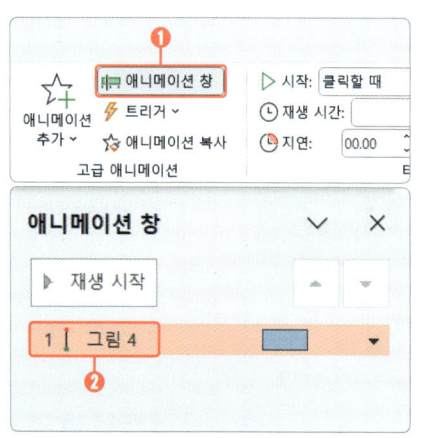
❿ [애니메이션 창] 클릭
⓫ 이동 경로 애니메이션 더블클릭

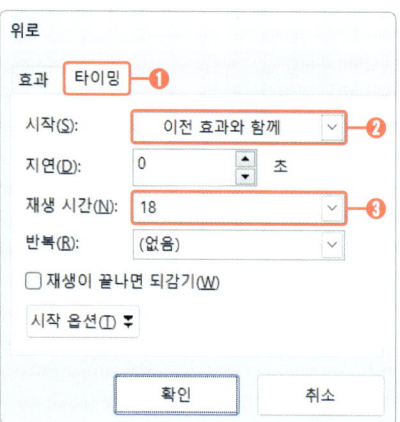
⓬ [타이밍] 탭에서 옵션 변경

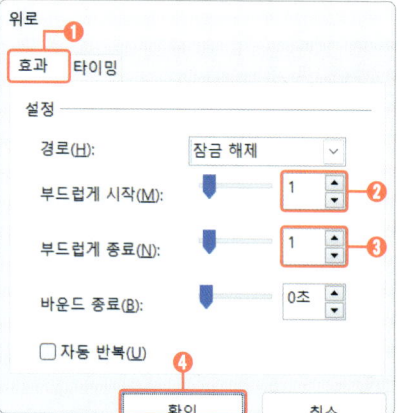
⓭ [효과] 탭에서 옵션 변경

Step 2 3D 모델을 삽입한 다음 애니메이션을 적용해 보세요!

❶ [삽입]-[3D 모델]을 클릭

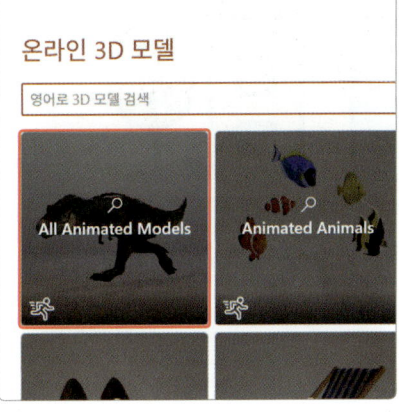
❷ [All Animated Models] 카테고리 선택

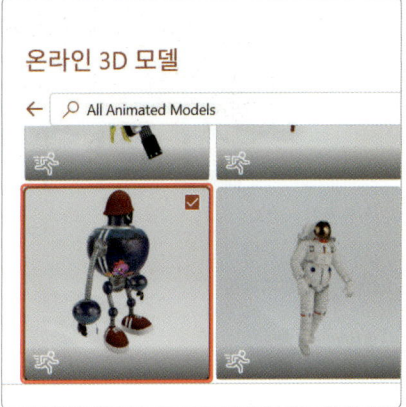
❸ 원하는 3D 모델 삽입

> **Tip**
> **[All Animated Models]**
> 이 카테고리의 3D 모델들은 걷기, 뛰기 등 다양한 동작 애니메이션이 미리 적용되어 있어요.

❹ [3D 모델]-[장면]에서 걷는 모양의 동작을 선택

> **Tip**
> **개체 크기 조절**
> Ctrl + Shift 를 누른 채 대각선 조절점을 드래그하여 개체의 크기를 축소하면, 처음 지점에서 벗어나지 않고 크기만 조절이 가능해요.

❺ Ctrl + Shift 를 누른 채 대각선 조절점을 드래그하여 크기를 축소

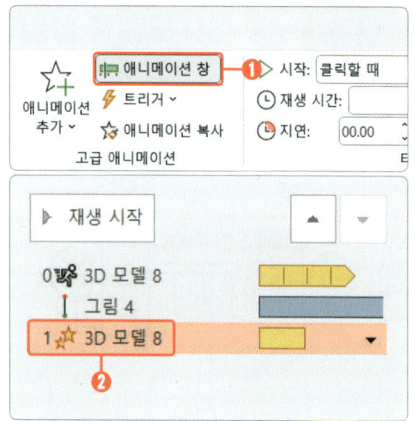

❻ 개체를 선택한 후 [애니메이션 추가]-[강조]-[크게/작게]를 클릭

❼ [애니메이션 창] 클릭
❽ 강조 애니메이션 더블클릭

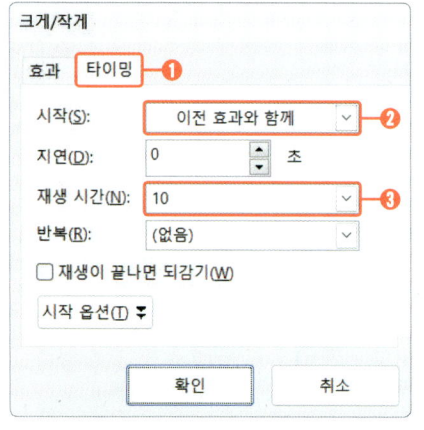
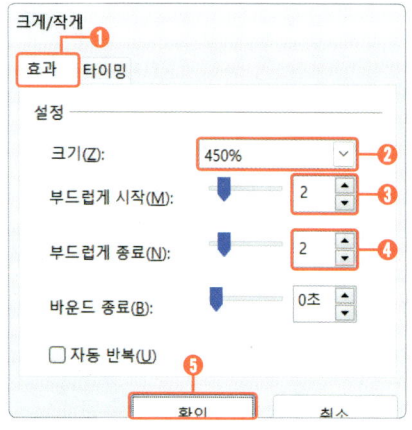

> **Tip**
>
> **원근감 적용 확인**
>
> F5를 눌러 3D 모델이 점점 커지며 원근감이 느껴지는 애니메이션을 확인해 보세요.

❾ [타이밍] 탭에서 옵션 변경

❿ [효과] 탭에서 옵션 변경

Step 3 3D 전용 애니메이션을 추가한 후 재생 옵션을 변경해요!

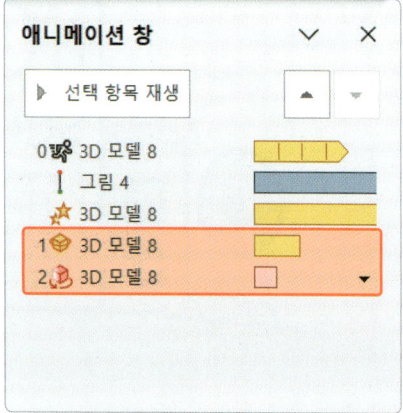

❶ [애니메이션 추가]-[3D]-[점프 및 회전]을 클릭

❷ [애니메이션 추가]-[3D]-[떠나기]를 클릭

❸ Shift 를 누른 채 추가된 두 개의 애니메이션 선택

> **Tip**
>
> **작품 확인하기**
>
> F5를 눌러 슬라이드 쇼를 실행하면, 길을 따라 캐릭터가 점점 커지면서 아래로 걸어 내려오고, 마지막에는 점프한 뒤 화면에서 사라지는 모습을 확인할 수 있어요.

④ [애니메이션] 탭에서 [시작]을 [이전 효과 다음에]로 변경

농구공 3D 모델에 애니메이션을 적용해 보세요!

실습 및 완성 : [6일차]-[연습문제]

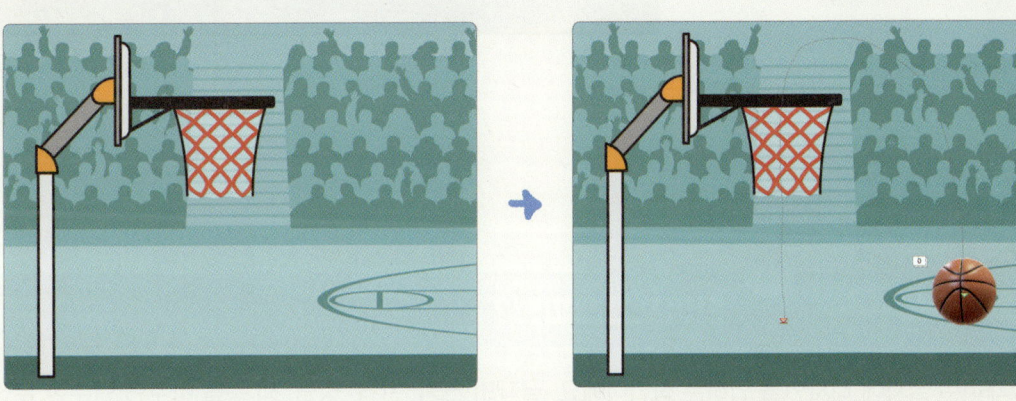

작성 조건

① [삽입]-[3D 모델]에서 'ball'을 검색하여 농구공 삽입 후 축소하여 배치
② 삽입된 농구공 3D 모델을 선택 후 [애니메이션 추가]-[이동 경로]-[사용자 지정 경로] → 농구공이 골대에 들어가는 경로를 그리기
③ [사용자 지정 경로] 애니메이션의 타이밍 옵션을 지정
 (시작 : 이전 효과와 함께 / 재생 시간 : 2초)
④ 삽입된 농구공 3D 모델을 선택 후 [애니메이션 추가]-[3D]-[점프 및 회전]
⑤ [점프 및 회전] 애니메이션의 타이밍 옵션을 지정
 (시작 : 이전 효과와 함께 / 재생 시간 : 1.5초 / 반복 : 슬라이드가 끝날 때까지)
⑥ 농구공을 [맨 뒤로 보내기]

#텍스트상자 #텍스트서식변경 #그림자효과 #도형병합(교차) #애니메이션

07일차 타이포그래피 글자 디자인

오늘의 디자인 | 텍스트 상자에 글자를 입력한 뒤, 글꼴 서식을 변경하고 여러 겹의 그림자 효과를 적용해 보세요. 곡선과 도형 병합(교차) 기능으로 글자를 자유롭게 디자인할 수 있어요.

Before

제목을 추가하려면 클릭하십시오.

부제목을 입력하십시오

After

실습 및 완성 : [7일차] 폴더

빠삭 Design | 타이포그래피란?

타이포그래피는 글자에 디자인을 입히는 작업이에요. 글자의 크기, 간격, 정렬, 색 등을 바꾸면 단순한 문장도 멋지고 읽기 쉬운 디자인이 될 수 있어요! 같은 문장이라도 어떤 폰트를 쓰느냐에 따라 느낌이 확 달라지기도 해요. 타이포그래피는 단순히 글자를 적는 것을 넘어서 보는 사람이 어떤 '느낌'을 받을지까지 고려하는 디자인이에요.

▲ 일반 텍스트

▲ 손글씨 스타일 타이포

▲ 일러스트 스타일 타이포

Step 1 텍스트를 입력하고 서식을 변경해요!

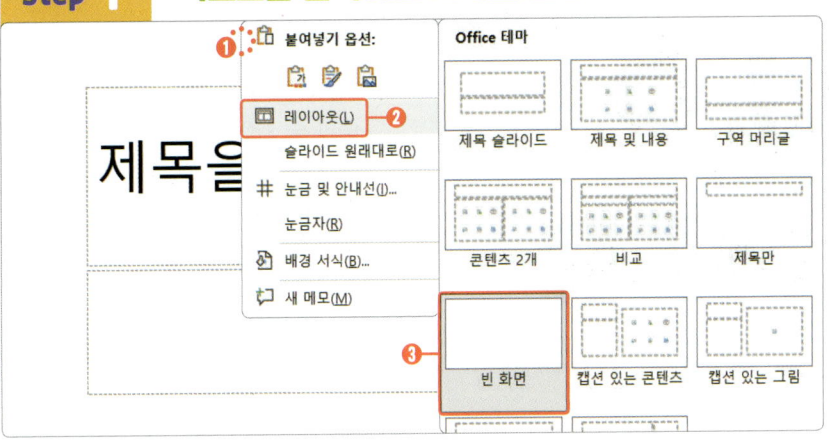

❶ 파워포인트 프로그램을 실행
❷ 슬라이드의 [레이아웃]을 [빈 화면]으로 지정

❸ [텍스트 상자]를 이용해 문구 입력

❹ 원하는 글꼴 모양을 선택

Tip

폰트 선택하기

글꼴 목록 아래 쪽에는 파워포인트에서 기본 제공하는 다양한 영문 폰트가 있어요. 타이포그래피 작업을 위해 살짝 두께감 있는 모양의 폰트를 찾아 선택해 보세요.

❺ 130~150pt 정도로 글꼴 크기를 변경
❻ 가운데 정렬을 지정한 후 [줄 간격] 클릭

❼ [줄 간격 옵션] 선택

07 타이포그래피 글자 디자인 41

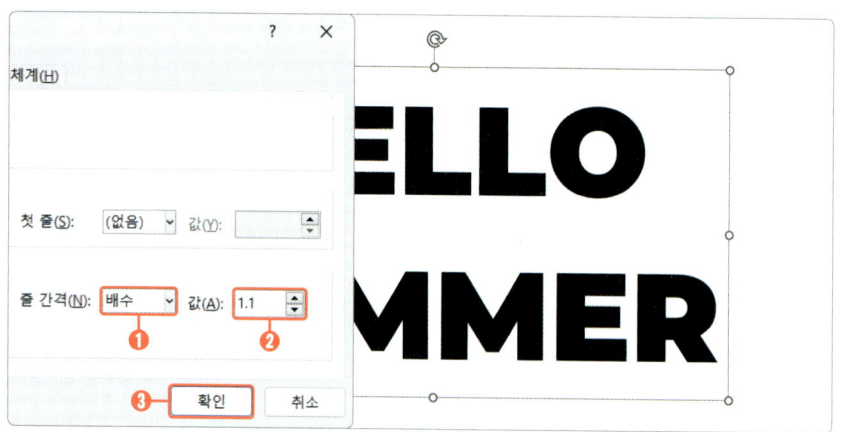

> **Tip**
>
> **행 간격이란?**
>
> 텍스트를 두 줄 이상 입력했을 때, 줄과 줄 사이에 생기는 간격을 말해요. '행 간격' 또는 '줄 간격'이라고도 불러요.

❽ 줄 간격을 조절하여 텍스트의 행 간격을 넓히기
❾ 슬라이드 중앙에 텍스트 상자를 배치

Step 2 텍스트 채우기와 윤곽선 서식을 변경해요!

❶ 슬라이드 위에서 우클릭하여 [배경 서식] 클릭

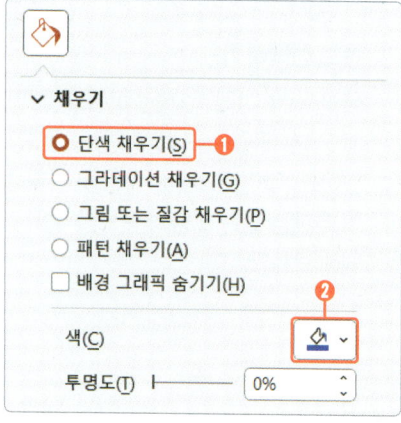

❷ 단색 채우기의 색상을 변경

❸ 입력된 텍스트를 블록 지정 후 [도형 서식] 클릭

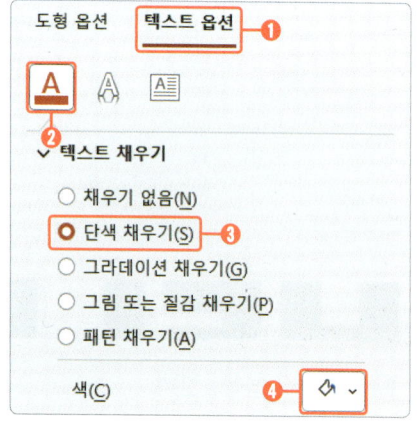

❹ [텍스트 옵션]에서 텍스트 채우기의 색상을 변경

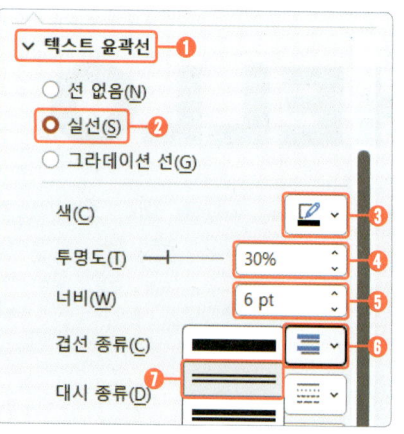

❺ [텍스트 옵션]에서 텍스트 윤곽선 서식을 변경

❻ 채우기와 윤곽선이 변경된 텍스트 확인

42

Step 3 텍스트에 그림자 효과를 적용해요!

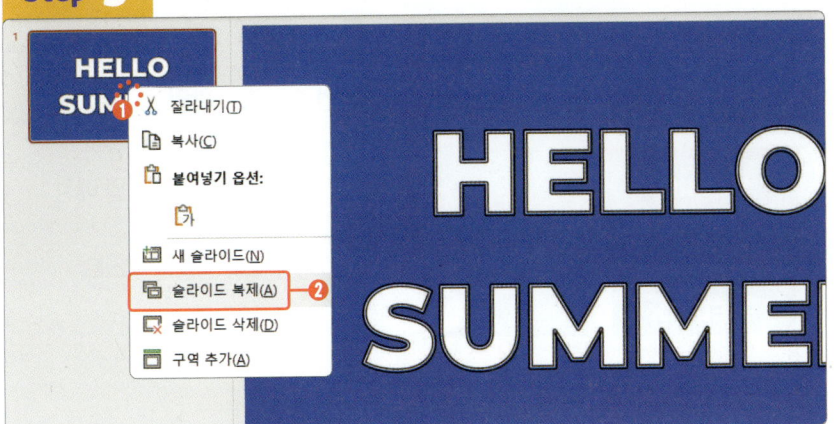

> **Tip**
> **작업에 유의해요!**
> 첫 번째 슬라이드는 원본으로 사용되며, 이후 계속 복제하여 쓰일 예정이니 삭제되지 않도록 유의합니다.

❶ 첫 번째 슬라이드를 복제

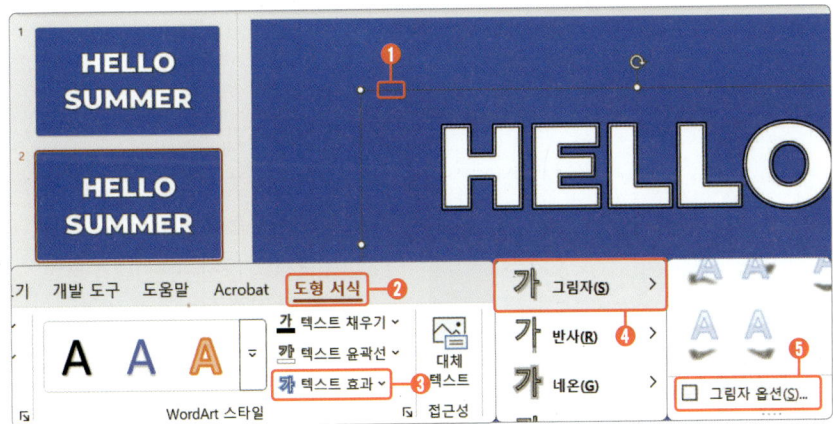

❷ 두 번째 슬라이드에서 삽입된 텍스트 선택
❸ [텍스트 효과]-[그림자]-[그림자 옵션] 클릭

❹ [텍스트 옵션]에서 오른쪽 아래 그림자를 선택

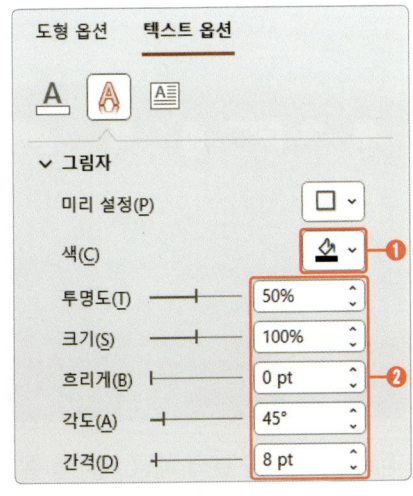

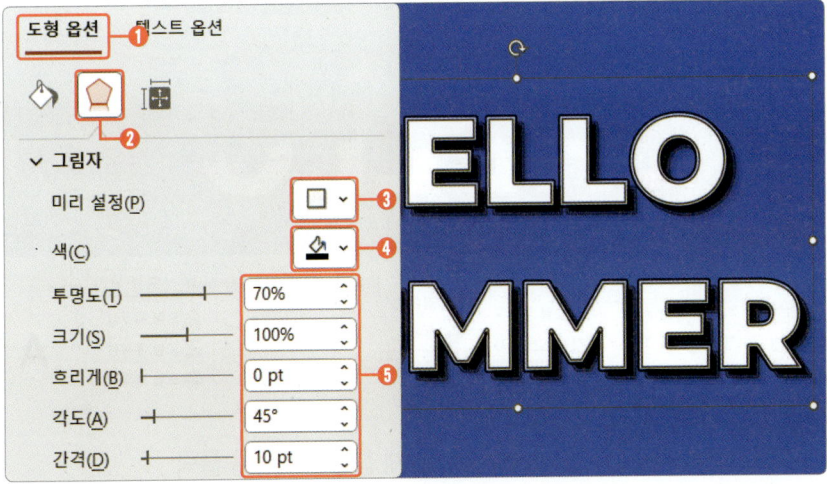

❺ 그림자의 옵션 변경

❻ [도형 옵션]에서 오른쪽 아래 그림자를 선택
❼ 그림자의 옵션 변경

Step 4 곡선 물결 효과가 있는 텍스트를 디자인해요!

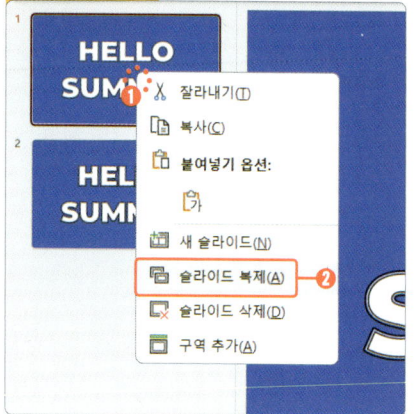

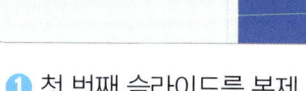

❶ 첫 번째 슬라이드를 복제

❷ 두 번째 슬라이드에서 [선]-[곡선] 도형 선택

> **Tip**
> 작업 슬라이드 확인
> - [슬라이드 1] : 텍스트 원본
> - [슬라이드 2] : 곡선 작업 예정
> - [슬라이드 3] :
>   그림자 효과 적용된 텍스트

❸ 'HELLO' 텍스트 위쪽을 덮도록 곡선 도형을 추가

> **Tip**
> 곡선 삽입하기
> 원하는 시작 지점을 선택한 후 물결 모양대로 클릭하면서 도형을 삽입해 보세요. [Back Space]를 누르면 경로를 한 단계 취소할 수 있어요.

❹ 텍스트를 선택한 다음 [Shift]를 누른 채 삽입된 도형을 클릭
❺ [도형 병합]-[교차]를 클릭

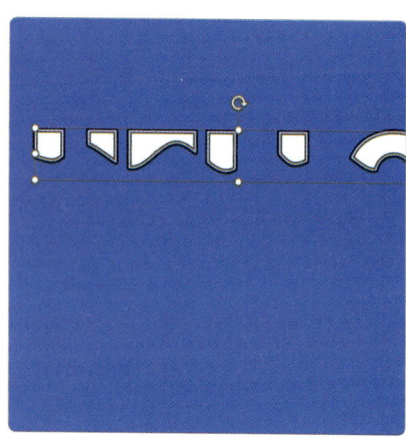

❻ [Ctrl]+[X]를 눌러 해당 개체를 잘라내기

> **Tip**
>
> **도형 병합-교차**
>
> 여러 개의 도형이 겹친 부분만 남기고 나머지를 제거하는 기능이에요. 가장 먼저 선택한 도형을 기준으로 서식이 적용되니, 선택 순서에 주의하세요!

❼ 세 번째 슬라이드를 선택한 후 Ctrl + V 를 눌러 붙여넣기
❽ 도형 채우기 색상을 변경

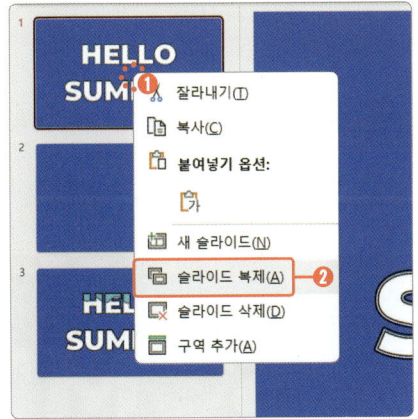

❾ 첫 번째 슬라이드를 복제
❿ 두 번째 슬라이드 선택
⓫ 'HELLO' 텍스트 아래쪽을 덮도록 곡선 도형을 추가

> **Tip**
>
> **작업 슬라이드 확인**
>
> - [슬라이드 1] : 텍스트 원본
> - [슬라이드 2] : 빈 슬라이드
> - [슬라이드 3] : 빈 슬라이드
> - [슬라이드 4] : 그림자 효과와 곡선이 적용된 텍스트

⓬ 텍스트와 도형을 선택하여 [도형 병합]-[교차]
⓭ 해당 개체를 네 번째 슬라이드에 붙여넣은 후 도형 색상 변경

⓮ 똑같은 방법으로 'SUMMER' 텍스트 꾸미기

⓯ 마지막 슬라이드를 제외한 모든 슬라이드 삭제
⓰ [7일차]-'꾸미기' 이미지를 활용해 타이포그래피 완성

Step 5 텍스트에 애니메이션 효과를 적용해요!

❶ Shift 를 누른 채 곡선이 적용된 텍스트 위쪽의 꾸밈 개체 4개를 각각 선택

❷ [나누기] 애니메이션 적용

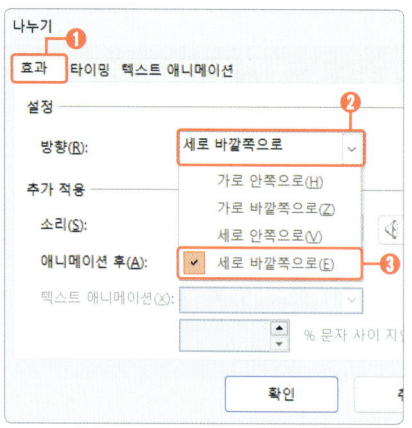
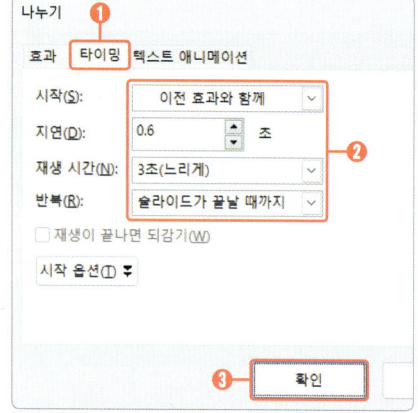

❸ [애니메이션 창] 클릭
❹ 첫 번째 애니메이션 더블클릭

❺ [효과] 탭에서 방향을 변경

❻ [타이밍] 탭에서 옵션을 변경

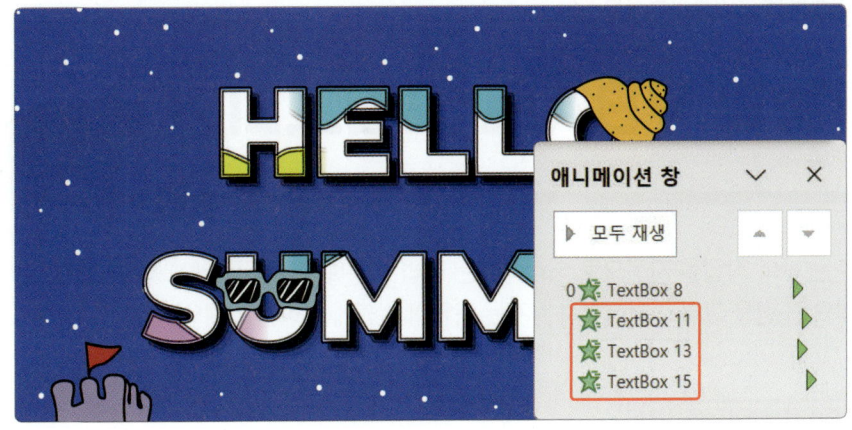

> **Tip**
> **애니메이션의 지연 시간**
> 애니메이션의 지연 시간을 조금씩 서로 다르게 설정하면 더 자연스러운 애니메이션을 만들 수 있어요!

❼ 나머지 애니메이션 옵션을 변경(애니메이션 방향, 시작, 지연, 재생 시간, 반복)

도형 병합(교차) 기능으로 타이포그래피를 꾸며보세요!

실습 및 완성 : [7일차]-[연습문제]

작성 조건

❶ 두 번째 슬라이드를 선택한 후 [선]-[곡선] 도형을 글자 위에 추가하기
❷ 뒤쪽의 텍스트를 선택한 후 앞쪽 도형을 클릭 → [도형 병합]-[교차] → 남겨진 도형을 선택하여 잘라내기(Ctrl+X)
❸ 첫 번째 슬라이드를 선택한 후 붙여넣기(Ctrl+V)
❹ 같은 방법으로 세 번째 슬라이드의 텍스트와 [곡선] 도형을 [도형 병합]-[교차]하여 첫 번째 슬라이드를 꾸미기
❺ 뒤쪽의 텍스트, 앞쪽의 꾸밈 도형, 배경에 각각 색상을 지정하기
❻ [7일차]-[연습문제] 폴더의 이미지를 삽입하여 슬라이드 완성

#챗GPT #VBA #도형삽입 #도형서식변경

08일차 인공지능과 VBA로 그림그리기

오늘의 디자인 | 파워포인트의 VBA는 반복 작업을 자동으로 처리해주는 마법 도구예요. 챗GPT에게 VBA 코드 작성을 부탁해 보세요. 도형을 그리고 서식까지 바꾸는 작업이 손쉽게 완성될 거예요!

실습 및 완성 : [8일차] 폴더

 **빠삭 Design** | AI로 파워포인트에서 그림을 그린다고?

대화형 인공지능 도구인 챗GPT로 VBA 코드를 생성 후 활용하면, 파워포인트에서 버튼 한 번으로 도형 그림이 자동으로 그려져요! 예를 들어, "고양이 캐릭터를 그리는 VBA 코드를 만들어줘!"라고 입력해 보세요. 챗GPT가 만들어준 코드를 복사해 붙여 넣고 실행하면, 도형들이 척척! 캐릭터가 뚝딱 만들어집니다.

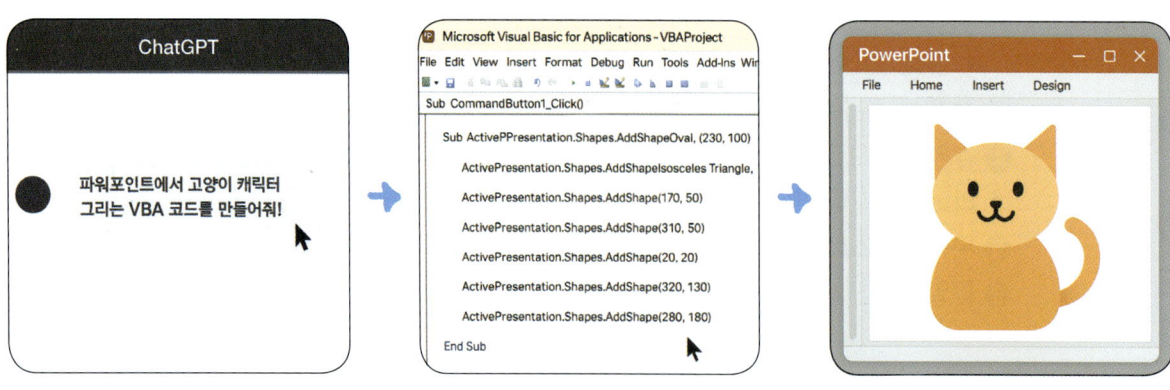

48

Step 1 챗GPT와 함께 VBA 코드를 작성해요!

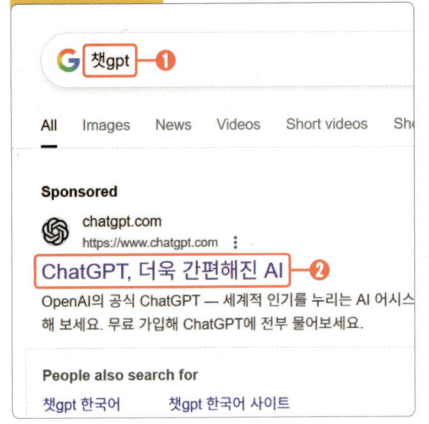

❶ 인터넷 브라우저를 열어 챗GPT 검색

❷ 챗GPT에 접속하여 요청할 내용을 입력

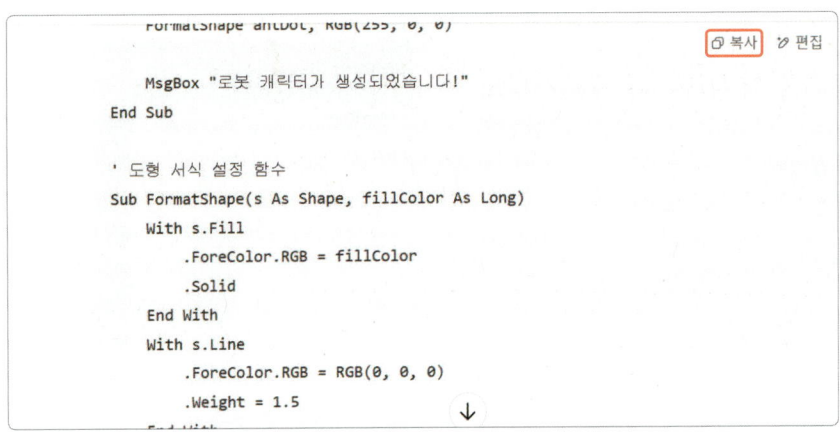

❸ VBA 코드가 모두 표시되면 <복사> 클릭

> **Tip**
>
> **작업에 유의해요!**
>
> 코드 생성이 완료되는 것을 먼저 확인한 후 모든 코드가 표시되면 그때 <복사>를 클릭하여 VBA 코드를 복사해줍니다.

Step 2 파워포인트에서 VBA 코드를 적용해요!

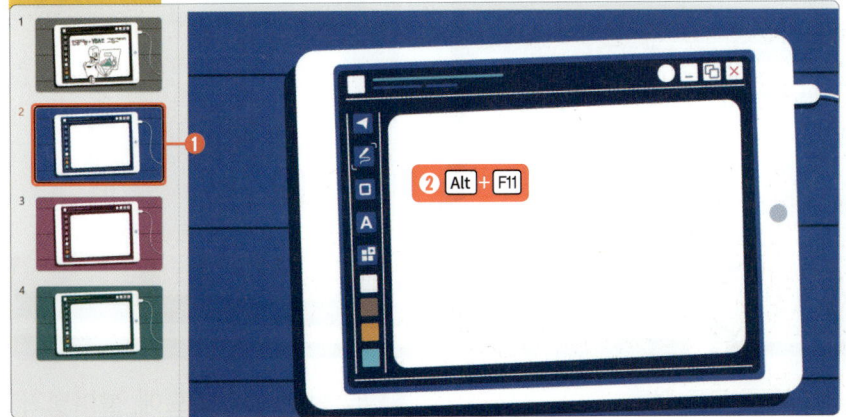

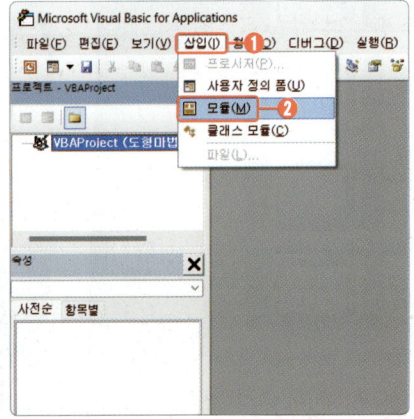

❶ [8일차]-'VBA 도형마법사' 파일 불러온 후 두 번째 슬라이드 클릭

❷ Alt + F11 을 눌러 VBA 창을 활성화

❸ [삽입]-[모듈] 클릭

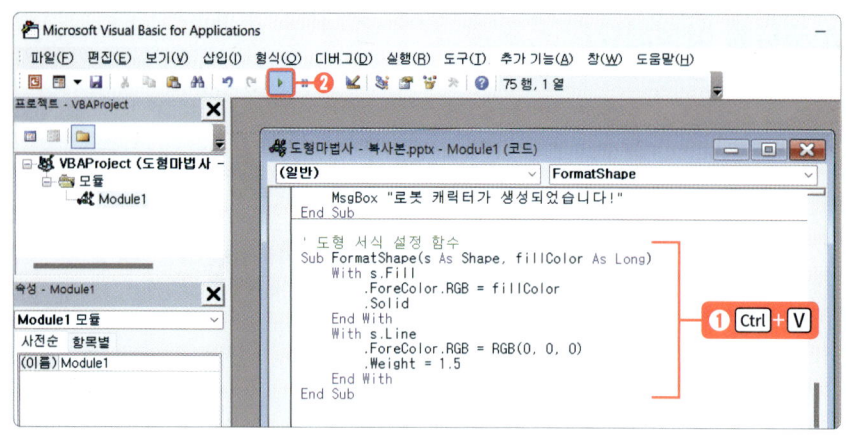
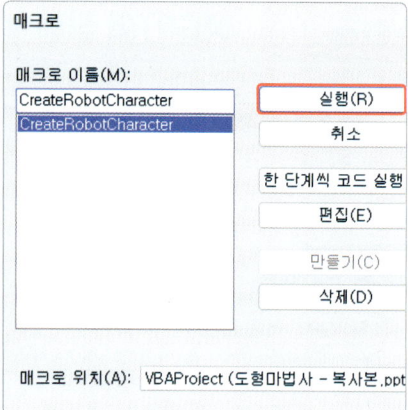

④ 코드 입력 창이 표시되면 Ctrl+V를 눌러 코드 붙여넣기
⑤ 실행 단추 클릭

⑥ 만약 매크로 창이 표시되면 <실행> 클릭

> **Tip**
>
> **교재와 똑같은 과정이 아니라면?**
> - 챗GPT가 만들어준 코드에 따라 매크로 과정이 표시되지 않을 수도 있어요.
> - 만약 매크로를 <실행>했을 때, 런타임 오류가 발생하더라도 <종료>를 클릭하면 문제 없이 VBA 코드를 적용할 수 있습니다.

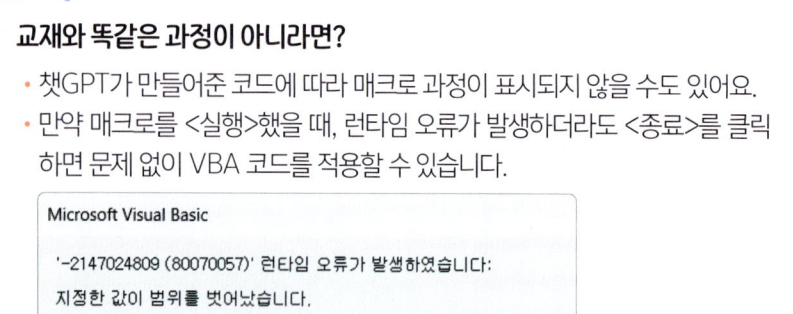

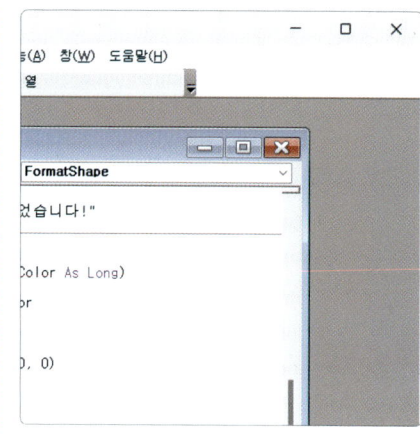

⑦ VBA 창을 종료

Step 3 만들어진 캐릭터를 수정해요!

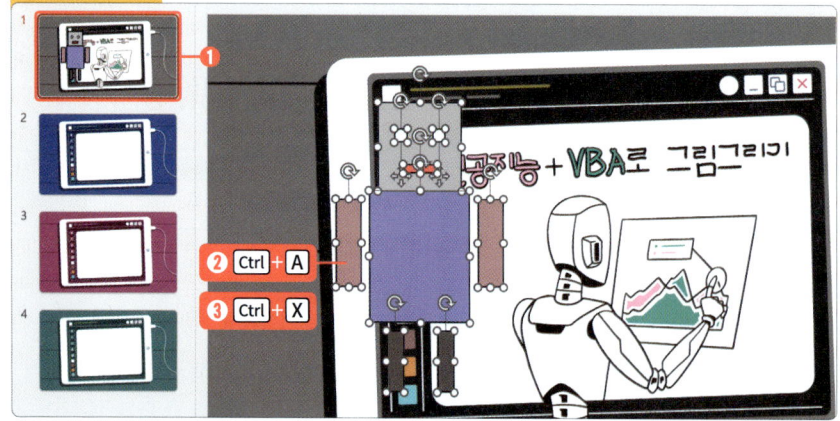
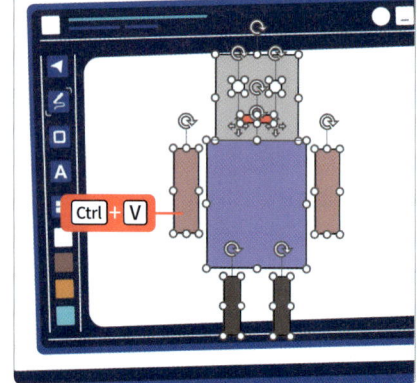

❶ 첫 번째 슬라이드에서 Ctrl+A를 눌러 개체를 모두 선택
❷ 해당 개체를 잘라내기(Ctrl+X)

❸ 두 번째 슬라이드에 붙여넣기 (Ctrl+V)

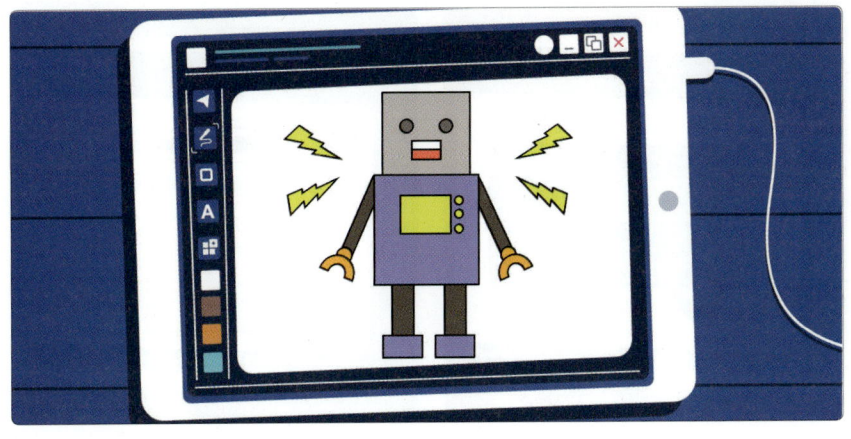

> **Tip**
>
> **그림이 맘에 들지 않으면?**
> 챗GPT의 코드에 따라 그림이 다르게 표시될 거예요. 만약 그림이 맘에 들지 않을 경우에는, 49~50페이지 작업을 다시 진행해 보세요.

❹ 도형의 크기와 위치를 조절
❺ 도형을 추가하거나, 도형 서식을 변경하여 로봇 완성

Step 4 챗GPT와 VBA를 활용해 자동차 그리기!

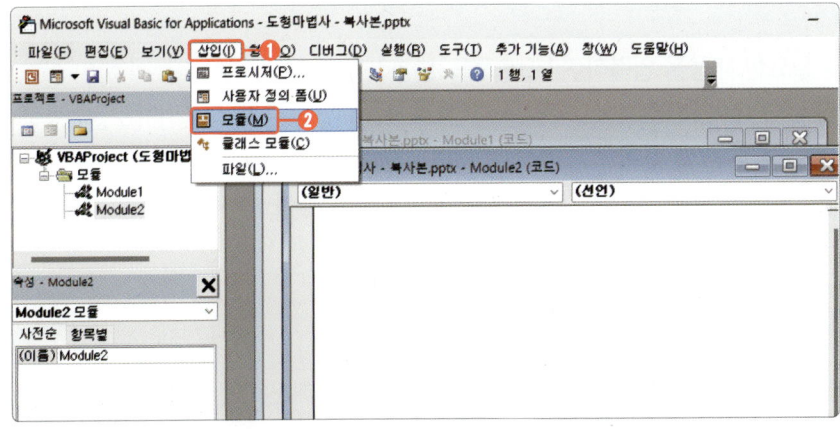

❶ 챗GPT에 접속하여 요청할 내용을 입력

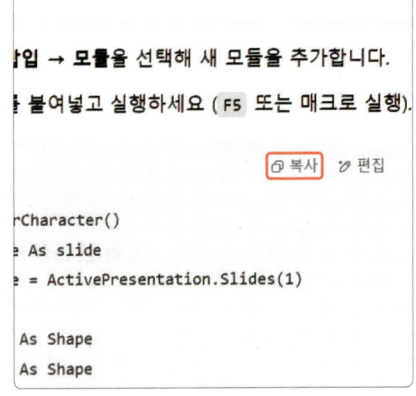

❷ VBA 코드가 모두 표시되면 <복사> 클릭

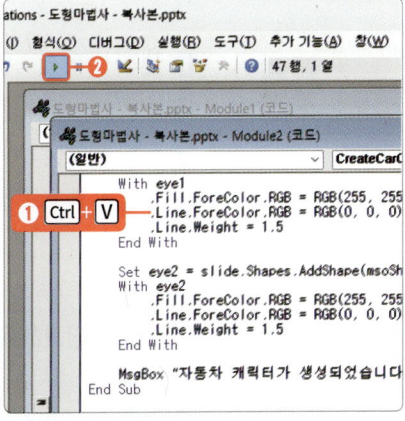

❸ 작업 중인 파워포인트 창에서 Alt + F11 을 눌러 VBA 활성화
❹ [삽입]-[모듈] 클릭

❺ 코드 붙여넣은 후 실행 단추 클릭
❻ VBA 창을 종료

> **Tip**
> **매크로 창이 표시될 경우**
> 챗GPT가 만들어준 코드에 따라 매크로 과정이 표시될 수도 있어요. 이 경우 'car'가 포함된 매크로를 선택한 후 <실행> 합니다.

❼ 세 번째 슬라이드에 자동차 완성

❽ 똑같은 방법으로 네 번째 슬라이드에 컵 그리기

Design 플러스 — 챗GPT와 파워포인트의 VBA 기능을 이용하여 작품을 만들어요!

실습 및 완성 : [8일차]-[연습문제]

ChatGPT

파워포인트로 VBA 코드를 작성해줘.

- 윤동주의 서시를 텍스트로 입력
- 텍스트 모두 가운데 정렬
- 서시 제목은 굵게, 18pt
- 서시 본문은 14pt
- 텍스트 박스의 윤곽선은 2pt, 연한 녹색
- 텍스트 박스의 채우기 색은 노랑으로 지정 후 투명도를 80%로 지정
- 제목 앞쪽과 뒤쪽에 별 문자 추가

작성 조건
❶ 챗GPT에 접속한 후 필요한 내용을 입력하여 VBA 코드 생성하기 → 코드 복사
❷ [8일차]-[연습문제] 폴더 내의 파워포인트 파일을 열어 Alt + F11 을 누른 후 [삽입]-[모듈] 클릭
❸ 코드 붙여넣기(Ctrl + V) → 실행 클릭
❹ 삽입된 텍스트 상자의 도형과 글꼴 서식을 자유롭게 변경하여 작품 완성

> **Tip**
> **작업 시 참고해요!**
> 책에서는 윤동주 시인의 '서시'를 VBA 코드로 생성했어요. 챗GPT를 활용해 원하는 노래 가사나 N행시를 짓는 VBA 코드를 생성하여 개성있는 작품을 만들어 보세요.

#그림자르기 #배경제거 #그림꾸밈효과 #도형투명도지정 #슬라이드전환

09일차 게임 그래픽 디자이너

오늘의 디자인 | 특정 이미지에서 피사체만 분리한 뒤, 같은 이미지를 배경으로 사용해 다양한 그림 효과를 적용해보세요. 전경과 배경을 구분해 게임 속 배경처럼 연출할 수 있어요!

실습 및 완성 : [9일차] 폴더

배경을 지우는 마법

디자인을 하다 보면 사진에서 인물이나 사물만 쏙 빼내고 싶을 때가 있죠? 이럴 땐 배경을 지워서 필요한 부분만 남기는 작업을 해요. 마치 사진 속에서 원하는 장면만 '톡' 잘라내는 느낌이죠. 파워포인트의 '배경 제거' 기능을 활용하면 이 과정을 손쉽게 할 수 있답니다!

09 게임 그래픽 디자이너 53

Step 1 그림을 삽입하고 배경을 제거해요!

❶ [9일차]-'게임그래픽' 파일 불러오기
❷ 두 번째 슬라이드에 [9일차]-'2번' 이미지를 삽입

❸ 자르기 기능으로 캐릭터만 남기기

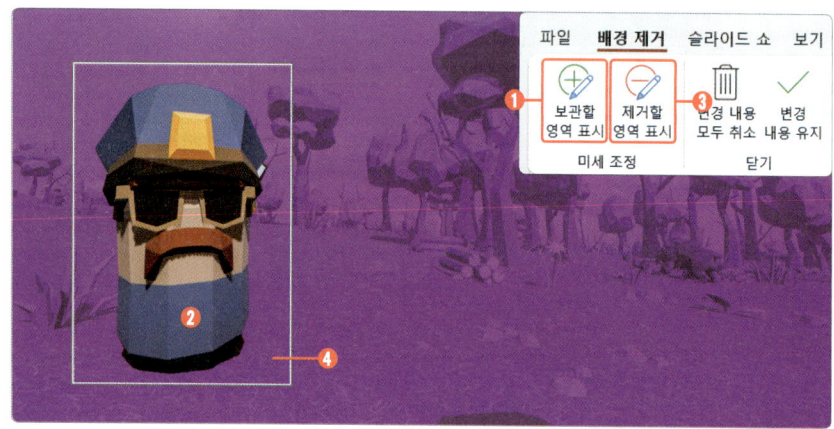

❹ [그림 서식]-[배경 제거] 클릭

❺ [보관할 영역 표시]로 캐릭터가 선택되도록 드래그
❻ [제거할 영역 표시]로 불필요한 부분이 선택되도록 드래그

Tip

배경 제거

자주색 부분이 제거될 영역이에요. 영역 지정이 끝나면 [Esc]를 눌러 배경을 제거해 보세요.

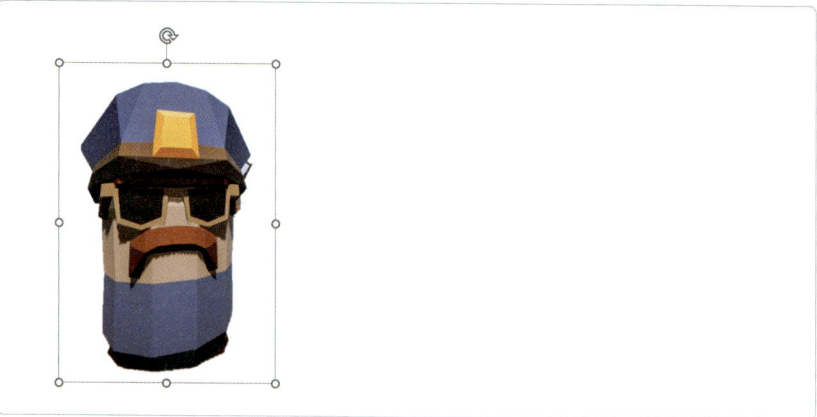

❼ 캐릭터 주변의 배경이 제거된 것을 확인

Step 2 그림을 삽입하고 꾸밈 효과를 적용해요!

> **Tip**
> **작업에 참고해요!**
> 전체 이미지를 가장 뒤쪽에 배치해 배경처럼 깔고, 그 위에 경찰 캐릭터가 올라올 수 있도록 배치하는 과정이에요. 단, 그림의 위치나 크기는 그대로 유지해야 해요.

❶ 두 번째 슬라이드에 [9일차]-'2번' 이미지를 다시 삽입
❷ 해당 이미지를 [맨 뒤로 보내기]

❸ 캐릭터 뒤쪽 이미지를 클릭
❹ [그림 서식]-[꾸밈 효과]에서 원하는 효과를 선택하여 적용

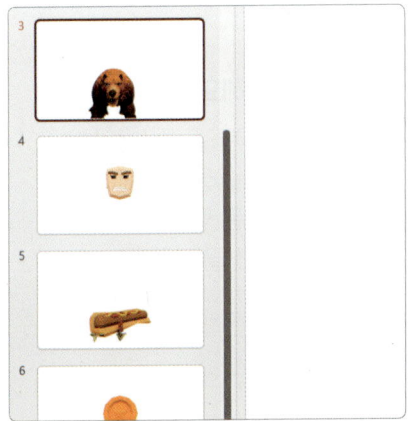

❺ [슬라이드 3] ~ [슬라이드 6]에 이미지 추가 후 배경 제거
❻ 똑같은 그림을 추가한 후 뒤쪽 이미지에 꾸밈 효과를 적용

Step 3 도형으로 나레이션과 대사를 입력해요!

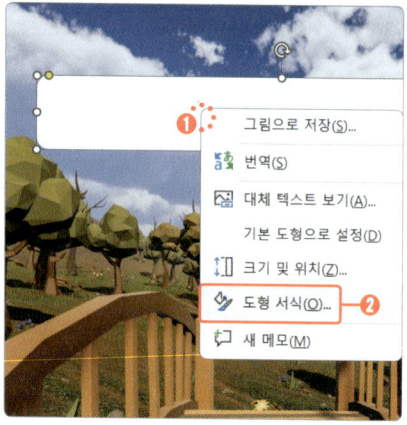

❶ 첫 번째 슬라이드에서 [사각형]-[사각형: 둥근 모서리] 도형 삽입
❷ 도형 채우기(흰색)와 윤곽선 없음으로 서식 변경

❸ 도형 위에서 우클릭 후 [도형 서식] 선택

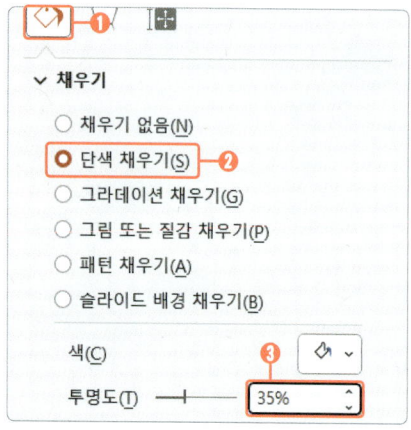

❹ 단색 채우기의 투명도를 35% 정도로 지정

❺ 도형 안에 필요한 텍스트를 입력한 후 글꼴 서식 변경
❻ 도형 위에서 우클릭하여 [기본 도형으로 설정]

❼ 두 번째 슬라이드에 [설명선]-[말풍선: 모서리가 둥근 사각형] 도형 삽입 후 내용 입력

> **Tip**
> **이렇게 작업해요!**
> 나머지 슬라이드도 똑같이 작업한 후 원하는 내용을 입력해 보세요. 도형과 입력된 텍스트는 잘 보일 수 있도록 색상을 변경해줍니다.

Step 4 슬라이드에 임의 전환 효과를 적용해요!

> **Tip**
>
> **슬라이드 화면 전환**
>
> F5를 눌러 슬라이드 쇼를 시작하면, 슬라이드가 넘어갈 때 전환 효과가 적용돼요. [임의 효과]는 매번 새로운 방식으로 슬라이드가 전환되도록 만들어주는 랜덤 효과예요.

① 왼쪽 미리 보기 창에서 Ctrl+A를 눌러 모든 슬라이드 선택
② [임의 효과]로 화면 전환 효과 지정 후 F5를 눌러 확인

Design 플러스 — 그림의 배경을 제거한 후 다양한 효과를 적용해 보세요!

실습 및 완성 : [9일차]-[연습문제]

작성 조건

① 첫 번째 슬라이드에서 앞쪽에 배치된 이미지를 선택 후 [그림 서식]-[자르기] 기능으로 피사체 주변만 남기기
② [그림 서식]-[배경 제거]를 이용하여 피사체의 주변을 투명하게 변경
③ 뒤쪽에 배치된 이미지를 선택 후 [그림 서식]-[꾸밈 효과]를 클릭하여 효과 적용
④ 같은 방법으로 [슬라이드 2]~[슬라이드 5]의 이미지를 작업
⑤ 모든 슬라이드에 슬라이드 화면 전환 효과를 적용

> **Tip**
>
> **작업 시 참고해요!**
>
> 각 슬라이드에는 동일한 크기와 위치의 이미지가 두 장씩 겹쳐져 있어요.

#슬라이드크기 #아이콘 #점편집 #도형병합 #도형그림채우기

10일차 개성 넘치는 패션 디자인

오늘의 디자인 | 파워포인트의 아이콘을 도형으로 변환하면, 모양과 서식을 자유롭게 변경할 수 있어요. 점 편집과 도형 병합 기능을 활용해 옷의 실루엣을 만들고, 질감 이미지를 채워 멋진 패션을 완성해 보세요.

Before

After

실습 및 완성 : [10일차] 폴더

 **빠삭 Design** | 도형을 자유자재로, 도형 병합(패스파인더)

디자인에서 '패스파인더'는 여러 도형을 더하거나 빼서 새로운 형태를 만드는 기능이에요. 파워포인트에선 [도형 병합] 기능으로 합치기, 빼기, 겹친 부분만 남기기 등 다양한 방식으로 도형을 조합할 수 있죠. 마치 종이를 오려 붙이듯, 단순한 도형 몇 개로도 복잡한 모양을 만들 수 있답니다!

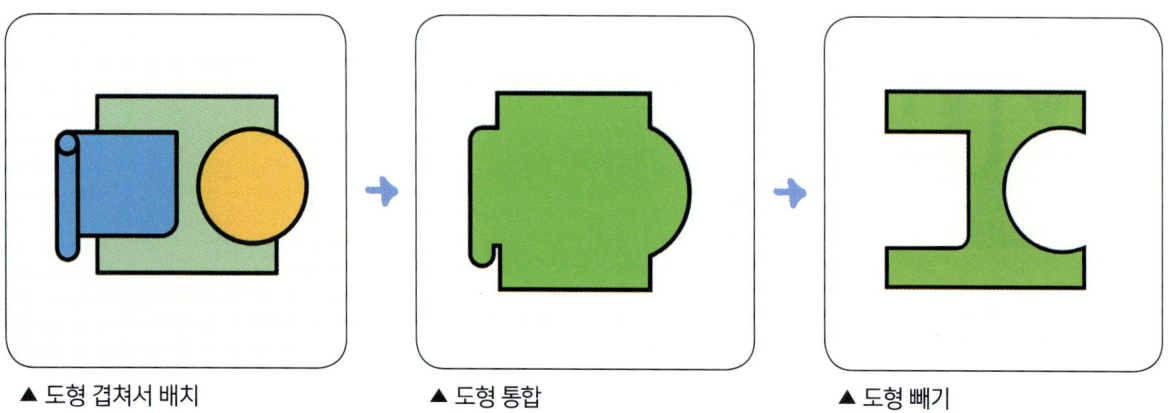

▲ 도형 겹쳐서 배치　　　　▲ 도형 통합　　　　▲ 도형 빼기

Step 1 아이콘을 삽입해요!

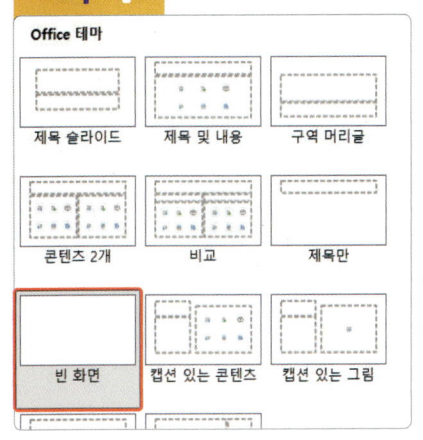

❶ 파워포인트를 실행 후 [레이아웃]-[빈 화면]을 지정

❷ 슬라이드 크기를 [표준 4:3]으로 선택

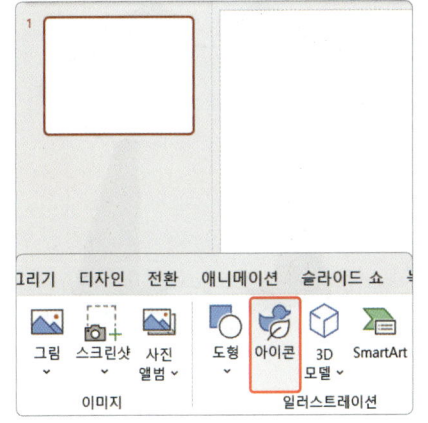

❸ [삽입]-[아이콘] 클릭

❹ 옷을 검색한 후 티셔츠 모양 아이콘 삽입

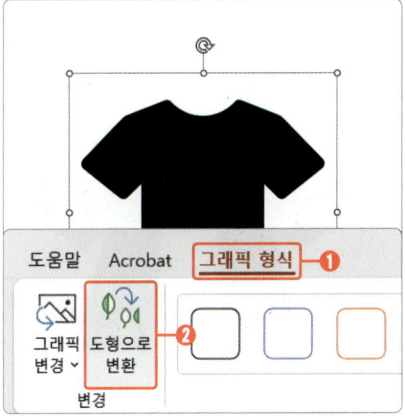

❺ 삽입된 아이콘을 [도형으로 변환]

Step 2 도형 병합과 점 편집 기능으로 모양을 편집해요!

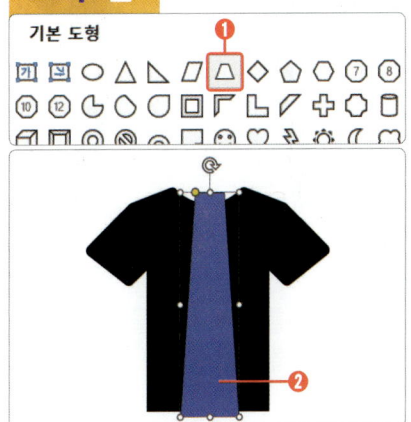

❶ [기본 도형]-[사다리꼴] 도형 삽입

❷ 뒤쪽 도형 선택 후 Shift 를 누른 채 사다리꼴 도형 선택

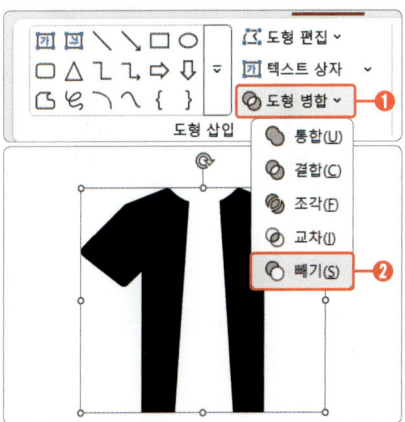

❸ [도형 서식]-[도형 병합]-[빼기]를 이용하여 모양 편집

10 개성 넘치는 패션 디자인

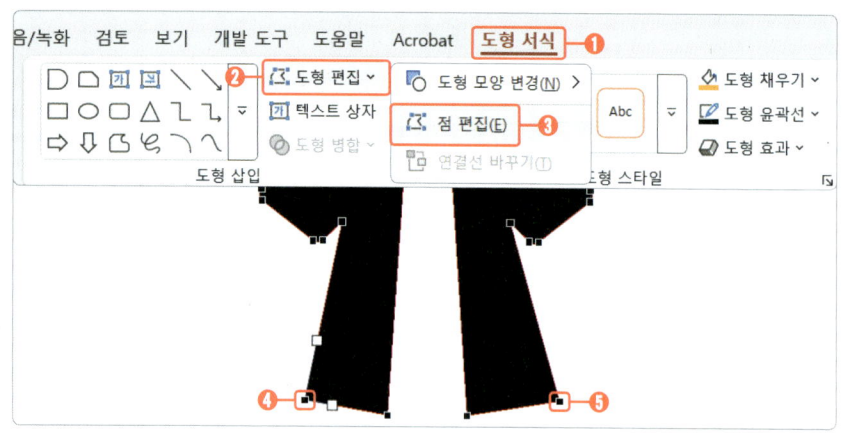

④ [도형 서식]-[도형 편집]-[점 편집] 클릭
⑤ 하단 양쪽 끝의 검정색 점을 드래그하여 자켓의 폭을 넓히기

⑥ [삽입]-[아이콘]에서 티셔츠 모양 아이콘 삽입

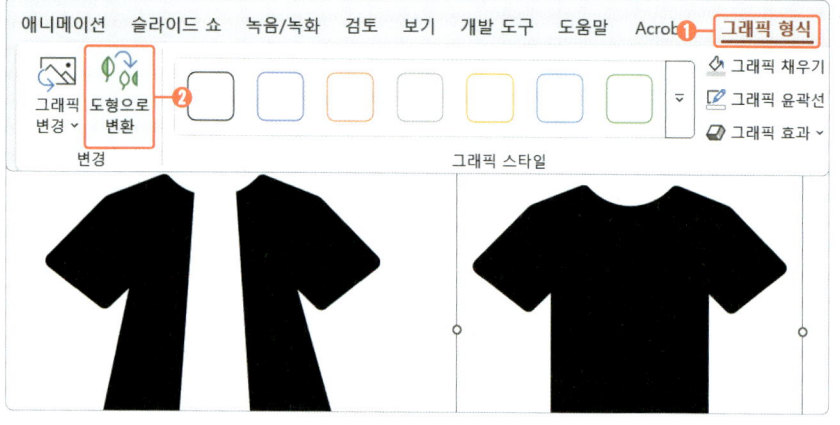

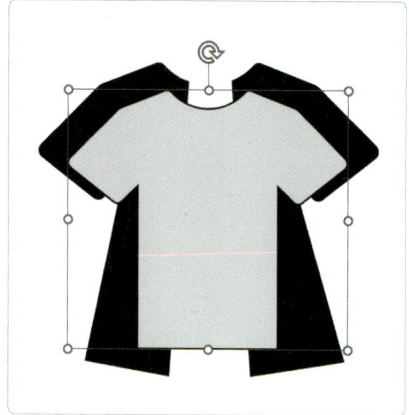

⑦ 삽입된 아이콘을 [도형으로 변환]

⑧ 도형의 서식을 변경한 후 자켓과 겹치도록 배치

> **Tip**
>
> **점 편집**
>
> 검정색 점을 이용해 도형의 윤곽을 조절할 수 있고, 흰색 점으로 곡선의 방향과 각도를 편집할 수 있어요. 티셔츠 밑단이 자연스럽게 떨어지는 모양을 연출해 보세요.

⑨ [점 편집] 기능으로 티셔츠 하단의 모양을 변경

⑩ 티셔츠를 뒤로 보냈을 때 팔이 보이지 않도록 모양 변경

⑪ 티셔츠를 [맨 뒤로 보내기]

⑫ [삽입]-[아이콘]에서 바지 모양 아이콘 삽입 후 [도형으로 변환]

⑬ [점 편집] 기능으로 바지 모양을 변경

Step 3 도형에 천 질감의 이미지를 채워요!

❶ 자켓 도형을 선택한 후 [도형 채우기]-[그림] 클릭

❷ [10일차] 폴더에서 원하는 이미지 선택

❸ 자켓 도형에 삽입된 그림 확인

❹ 똑같은 방법으로 바지에 그림 채우기

❺ 모든 개체를 그룹으로 지정하기

Step 4 예쁜 드레스를 완성해요!

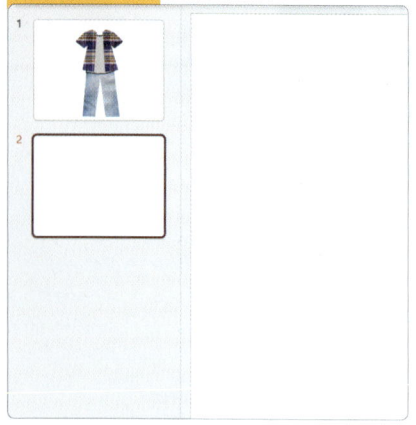

❶ 새 슬라이드를 추가

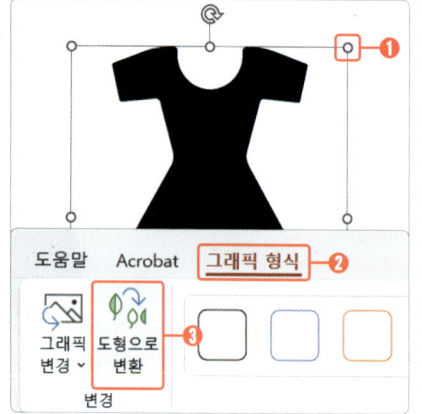

❷ '드레스' 아이콘 삽입
❸ 아이콘을 [도형으로 변환]

❹ [별 및 현수막]-[이중 물결] 도형 삽입

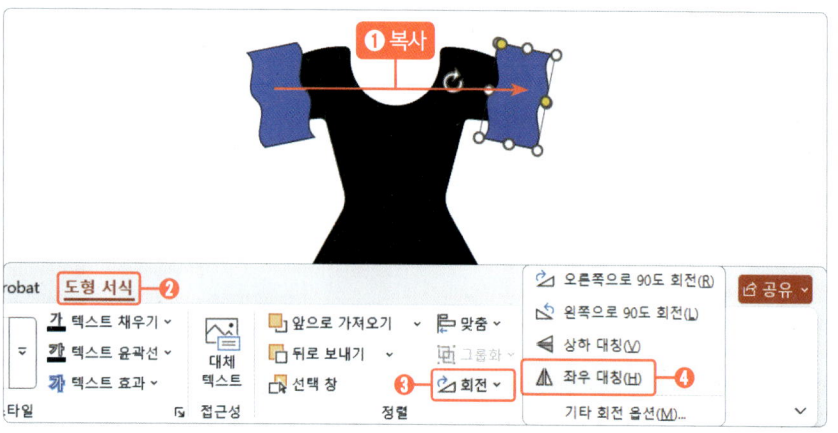

❺ Ctrl + Shift 를 누른 채 드래그하여 오른쪽으로 복사
❻ [회전]-[좌우 대칭]

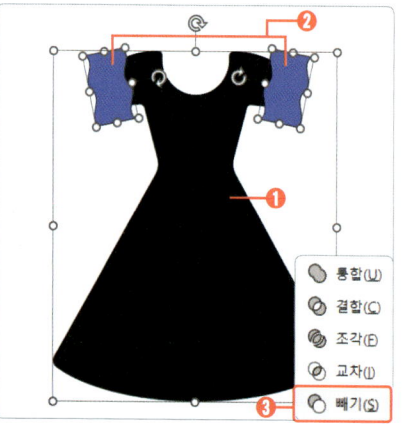

❼ [도형 병합]-[빼기]를 이용해 도형 모양 편집

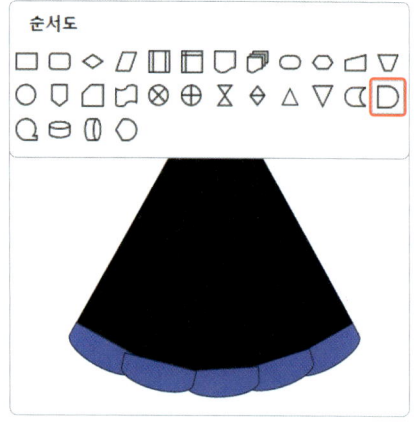

❽ [순서도]-[순서도: 지연] 도형 삽입

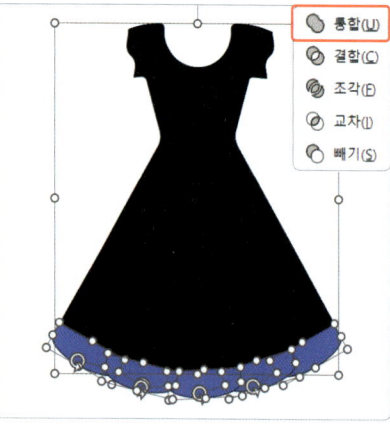

❾ [도형 병합]-[통합]을 이용해 도형 모양 편집

❿ 도형에 그림 채우기

Step 5   배경에 그림을 적용하고 옷을 배치해요!

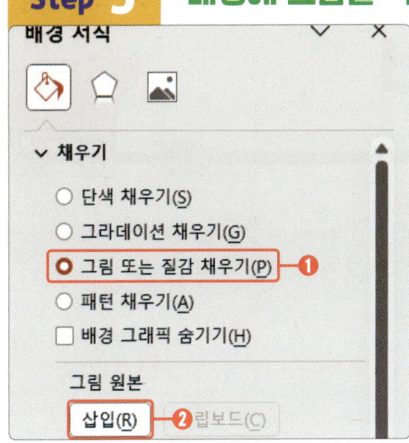
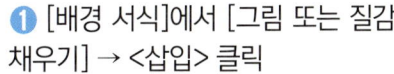

❶ [배경 서식]에서 [그림 또는 질감 채우기] → <삽입> 클릭
❷ 슬라이드 배경에 [10일차]-'배경' 이미지 삽입
❸ 옷을 마네킹에 어울리도록 배치

Design 플러스   아이콘과 도형 병합 빼기 기능을 활용하여 동물 모양을 만들어 보세요!

실습 및 완성 : [10일차]-[연습문제]

작성 조건

❶ [삽입]-[아이콘]에서 '동물'을 검색하여 새 모양의 아이콘 삽입
❷ [그래픽 형식]-[도형으로 변환]을 클릭
❸ [삽입]-[도형]에서 눈 그리기(기본 도형 : 타원)
❹ 새 모양 도형을 선택한 후 눈을 클릭하여 [도형 병합]-[빼기]
❺ [삽입]-[도형]에서 날개 그리기(기본 도형 : 눈물 방울)
❻ 새 모양 도형을 선택한 후 날개를 클릭하여 [도형 병합]-[빼기]
❼ 새 모양 도형의 채우기를 [질감]으로 적용
❽ 같은 방법으로 두 번째 슬라이드를 자유롭게 작업

#부드러운가장자리 #그림으로복사 #그림바꾸기 #슬라이드화면전환(모핑)

11일차 두루마리 밈 애니메이션

오늘의 디자인 | 두루마리처럼 말려 있는 문서가 천천히 펼쳐지고, 내용을 다 보여준 뒤 다시 말리는 애니메이션을 만들어 볼 거예요. 재미있는 밈 이미지를 합성하여 개성 있게 두루마리 문서를 꾸며보세요.

실습 및 완성 : [11일차] 폴더

 빠삭 Design | 그라디언트 마스크 효과

그라디언트 마스크는 이미지의 한쪽을 서서히 사라지게 하거나, 배경과 부드럽게 연결할 때 사용하는 효과예요. 파워포인트에는 이 기능이 없지만, '부드러운 가장자리' 효과를 적용하여 비슷한 느낌으로 자연스러운 합성이 가능해요.

Step 1 | 밈 이미지를 삽입한 후 편집해요!

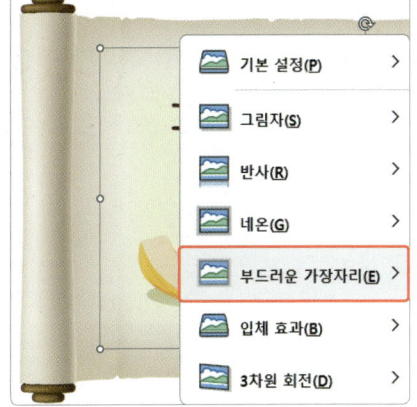

❶ [11일차]-'두루마리밈' 파일 불러오기
❷ 두 번째 슬라이드 선택 후 [11일차]에서 원하는 밈 이미지를 삽입

❸ [그림 효과]-[부드러운 가장자리]-[50포인트] 적용

> **Tip**
> **부드러운 가장자리**
> 파워포인트의 [부드러운 가장자리]는 도형이나 그림 같은 개체의 테두리를 흐릿하게 만들어 배경과 자연스럽게 어울리게 해주는 효과예요.

❹ Shift 를 누른 채 두루마리 문서와 앞쪽 이미지를 함께 선택 후 복사 (Ctrl + C)

❺ 첫 번째 슬라이드를 선택한 후 그림으로 붙여넣기

> **Tip**
> **슬라이드 확인**
> 첫 번째 슬라이드는 밈과 두루마리 문서가 하나의 그림으로 이뤄져있어요.

> **Tip**
> **위치 조절하기**
> 두 번째 슬라이드의 두루마리 위치와 동일하게 맞춰줍니다. 이때, Shift 를 누른 채 이미지를 드래그 하면 평행하게 이동시킬 수 있어요.

❻ Shift 를 누른 채 두루마리 문서 이미지의 위치를 조절
❼ 해당 이미지를 [맨 뒤로 보내기]

Step 2 그림 바꾸기 기능으로 다른 밈을 추가해요!

❶ 첫 번째 슬라이드를 복제   ❷ 복제된 두 번째 슬라이드의 두루마리 문서 이미지를 삭제

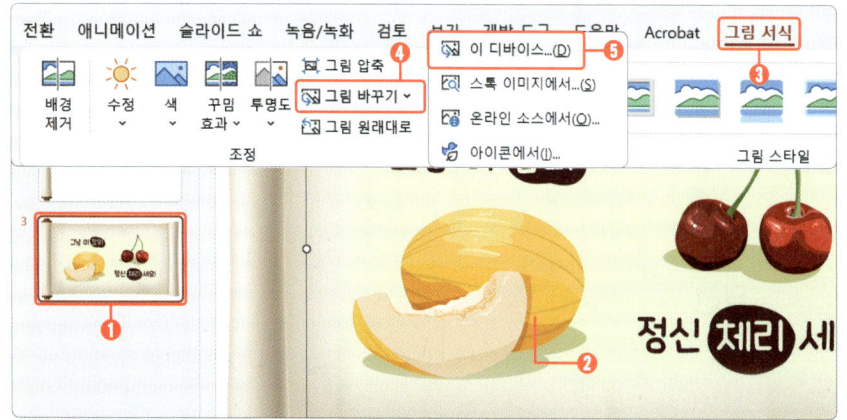 

❸ 세 번째 슬라이드에 배치된 밈 이미지를 선택
❹ [그림 바꾸기]-[이 디바이스]를 클릭

❺ [11일차] 폴더에서 다른 밈 이미지를 선택

> **Tip**
>
> **그림 바꾸기**
> 파워포인트에서 기존에 삽입한 이미지를 '모양, 크기, 위치, 효과'는 그대로 유지한 채 다른 이미지로 교체하는 기능이에요.

❻ Shift 를 누른 채 두루마리 문서와 앞쪽 이미지를 함께 선택 후 복사 (Ctrl + C)

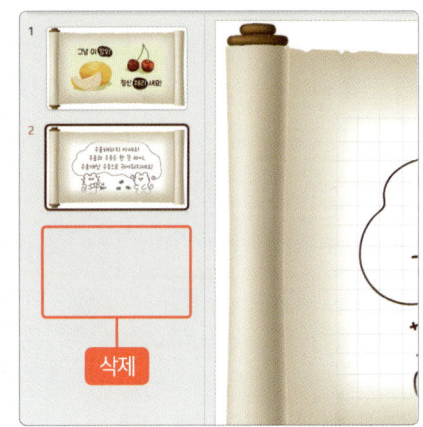

❼ 두 번째 슬라이드를 선택하여 그림으로 붙여넣기
❽ 두루마리 문서 이미지의 위치를 조절한 후 [맨 뒤로 보내기]

❾ 불필요한 세 번째 슬라이드를 삭제

Step 3 첫 번째 밈에 두루마리 효과를 적용해요!

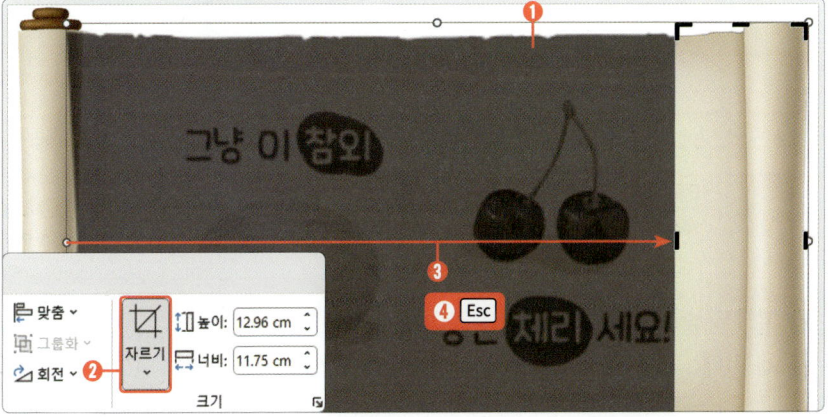

❶ 첫 번째 슬라이드를 복제

❷ 첫 번째 슬라이드를 선택한 후 자르기 기능을 이용하여 두루마리 문서 이미지의 오른쪽만 남도록 잘라내기

❸ 슬라이드의 중간 지점으로 이미지를 연결

❹ 두 번째 슬라이드를 선택
❺ 모핑 화면 전환 효과를 선택

❻ 첫 번째 슬라이드를 복제

> **Tip**
> **작업 유의사항**
> 개체를 움직일 땐 Shift 키를 함께 눌러주세요. 수직이나 수평으로 반듯하게 이동할 수 있어 애니메이션이 훨씬 더 깔끔하게 완성될 거예요!

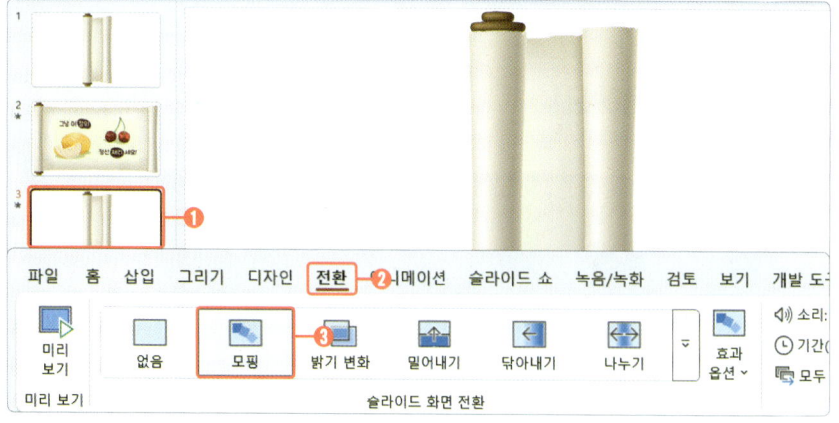

❼ 복제된 슬라이드를 세 번째 슬라이드 위치로 이동
❽ 세 번째 슬라이드에 모핑 화면 전환 효과를 적용

> **Tip**
> **작품을 감상해요!**
> F5 를 눌러 슬라이드 쇼를 실행한 뒤 화면을 클릭하면, 두루마리가 펼쳐지면서 첫 번째 밈이 나타나요. 한 번 더 클릭하면 두루마리가 말리는 모습을 볼 수 있어요.

Step 4 두 번째 밈에 두루마리 효과를 적용해요!

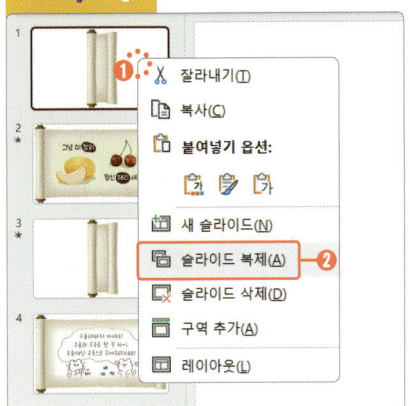

❶ 첫 번째 슬라이드를 복제

❷ 복제된 슬라이드를 네 번째 슬라이드 위치로 이동

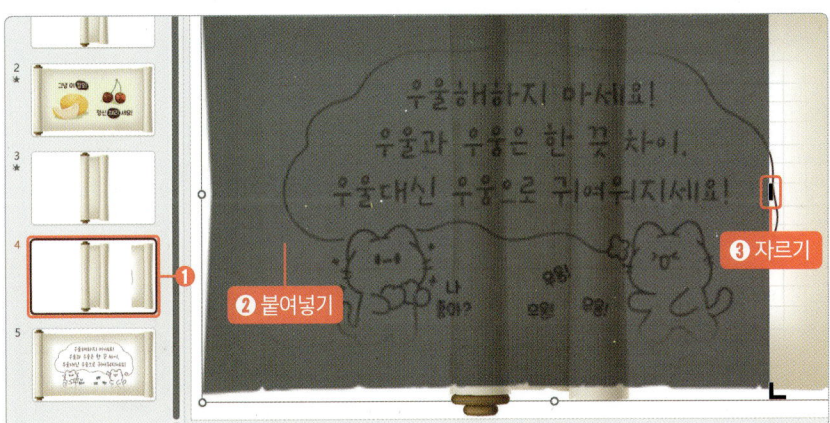

❸ 다섯 번째 슬라이드의 밈 이미지 복사([Ctrl]+[C])

❹ 네 번째 슬라이드를 선택하여 붙여넣기([Ctrl]+[V])

❺ 자르기 기능을 이용하여 두루마리 문서의 오른쪽만 남도록 잘라내기

❻ 기존의 두루마리 이미지와 겹치도록 배치

❼ 두 번째 밈이 잘린 두루마리 이미지를 [맨 뒤로 보내기]

❽ 첫 번째 밈이 잘린 두루마리 이미지 삭제([Delete])

❾ 네 번째 슬라이드를 복제
❿ 복제된 다섯 번째 슬라이드 선택 후 [전환] 탭에서 [모핑] 클릭
⓫ 마지막 슬라이드에도 모핑 화면 전환 효과를 적용

> **Tip**
>
> **현재 작업 중인 슬라이드 확인**
> - [슬라이드 1] : 첫 번째 밈이 잘린 두루마리
> - [슬라이드 2] : 첫 번째 밈 전체가 보이는 두루마리(+모핑 효과)
> - [슬라이드 3] : 첫 번째 밈이 잘린 두루마리(+모핑 효과)
>
>
>
> - [슬라이드 4] : 두 번째 밈이 잘린 두루마리
> - [슬라이드 5] : 두 번째 밈이 잘린 두루마리(+모핑 효과)
> - [슬라이드 6] : 두 번째 밈 전체가 보이는 두루마리(+모핑 효과)
>
>

 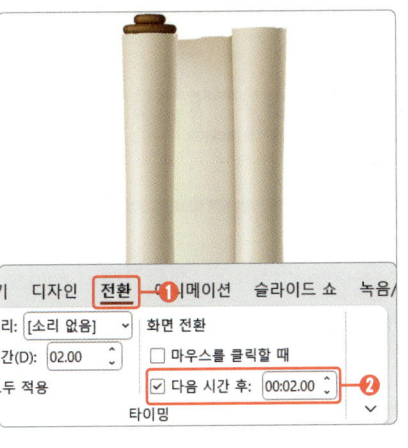

> Tip
>
> **화면 전환 시간**
>
> 화면 전환 옵션을 '다음 시간 후'로 선택한 후 시간을 지정해 보세요.
> - [슬라이드 1] : 2초
> - [슬라이드 2] : 2초
> - [슬라이드 3] : 0.5초
> - [슬라이드 4] : 0.1초
> - [슬라이드 5] : 0.5초
> - [슬라이드 6] : 2초
> - [슬라이드 7] : 0.5초

⓬ 다섯 번째 슬라이드를 복제한 후 마지막 위치로 이동

⓭ 각 슬라이드에 자동 화면 전환 시간을 지정

 **모핑 전환 효과를 이용하여 두루마리가 펼쳐지는 밈을 만들어요!**

실습 및 완성 : [11일차]-[연습문제]

 →

작성 조건

❶ 두 번째 슬라이드에 [11일차]-[연습문제] 폴더의 밈 이미지를 삽입
❷ [그림 효과]-[부드러운 가장자리] 적용
❸ 두루마리의 뒤쪽이미지와 밈을 함께 선택한 후 복사(Ctrl+C)
❹ 첫 번째 슬라이드의 빈 곳을 우클릭 후 그림으로 붙여넣기
❺ 그림을 [맨 뒤로 보내기]
❻ 첫 번째 슬라이드를 복제한 후 불필요한 마지막 슬라이드 삭제
❼ 첫 번째 슬라이드를 선택한 후 [그림 서식]-[자르기] 기능을 이용하여 말린 두루마리 이미지를 연출
❽ 첫 번째와 두 번째 슬라이드를 선택하여 [전환]-[모핑] 효과를 적용

#폰트설치 #텍스트상자 #도형병합(조각) #배경채우기

12 일차 디지털 캘리그래피

오늘의 디자인 | 슬라이드에 재밌는 문구를 입력한 뒤, 캘리그래피 폰트로 변경해 보세요. 이후 도형 병합의 조각 기능으로 글자를 깨뜨려 멋진 텍스트 디자인을 만들 수 있어요!

Before

After

실습 및 완성 : [12일차] 폴더

빠삭 Design — 캘리그래피란?

캘리그래피는 글자를 아름답게 그리는 표현 기법이에요. 단순히 '쓴다'기보다, 감정을 담아 '그린다'고 할 수 있죠. 같은 단어라도 누가 어떻게 쓰느냐에 따라 전혀 다른 느낌을 줘요. 멋진 캘리그래피를 완성하려면 획의 표현과 리듬감, 공간의 배치가 조화를 이루어야 해요!

▲ 손글씨   ▲ 타이포그래피   ▲ 캘리그래피

Step 1 캘리그래피 폰트를 설치해요!

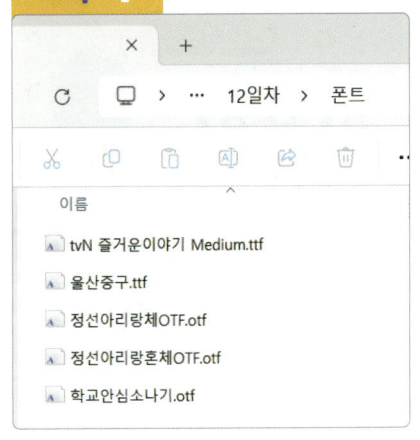

❶ [12일차]-[폰트] 폴더 열기

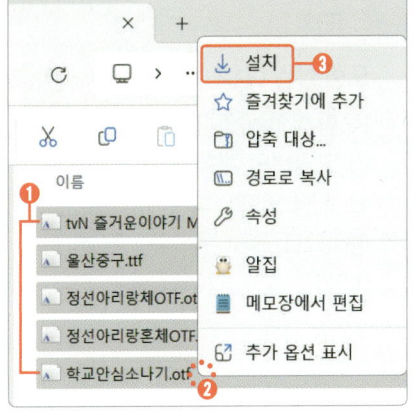

❷ Ctrl+A를 눌러 모든 파일을 선택 후 [설치]

> **Tip**
> **폰트 다운로드**
> 눈누(noonnu.cc) 또는 학교 안심 폰트(copyright.keris.or.kr)에서 더 다양한 모양의 폰트를 다운로드 할 수 있습니다.

Step 2 캘리그래피 문구를 입력하고 글꼴 서식을 변경해요!

❶ [12일차]-'디지털캘리그래피' 파일 불러오기

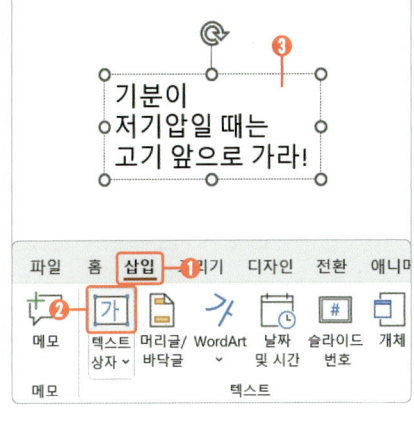

❷ [텍스트 상자]를 이용해 문구 입력

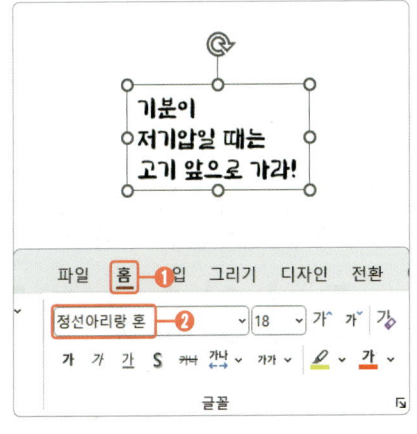

❸ 설치한 캘리그래피 폰트 적용

> **Tip**
> **폰트가 보이지 않나요?**
> PC에 폰트를 설치했는데도 글꼴 목록에 표시되지 않는다면, 파워포인트 프로그램을 종료한 뒤 다시 실행해 찾아보세요.

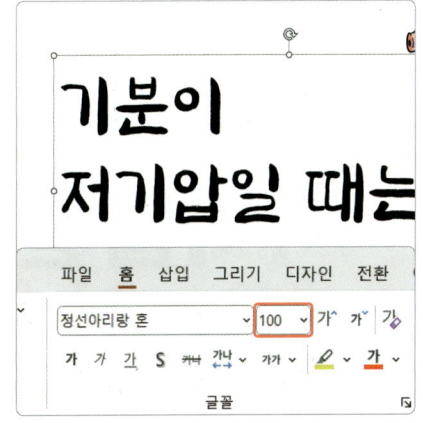

❹ 글꼴 크기를 적당하게 변경

Step 3 도형 병합의 '조각' 기능으로 글자를 깨뜨려요!

> **Tip**
> **도형 삽입 이유!**
> [도형 병합]-[조각] 기능을 사용하려면 임의의 개체가 하나 필요해요. 해당 도형은 나중에 삭제할 도형이므로 크기나 위치는 중요하지 않아요.

❶ [삽입] 탭-[도형]에서 임의의 도형을 추가

❷ 텍스트를 선택한 후 Shift 를 눌러 도형 클릭

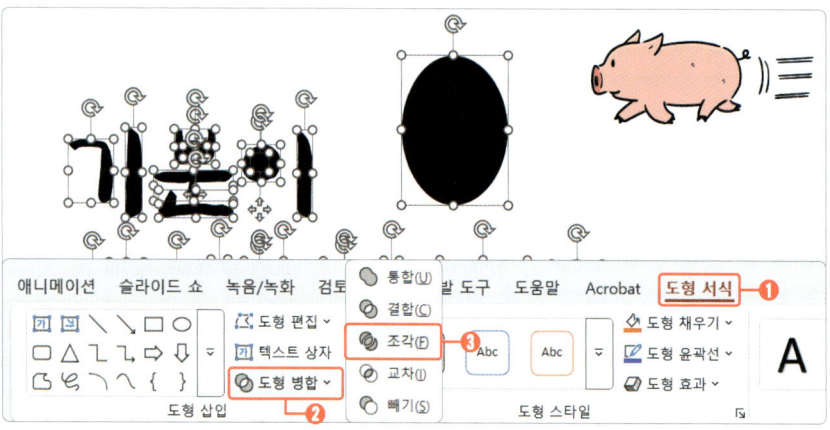

❸ [도형 병합]-[조각]을 클릭

❹ Delete 를 이용해 불필요한 개체 삭제

Step 4 글자의 크기와 위치를 조절해요!

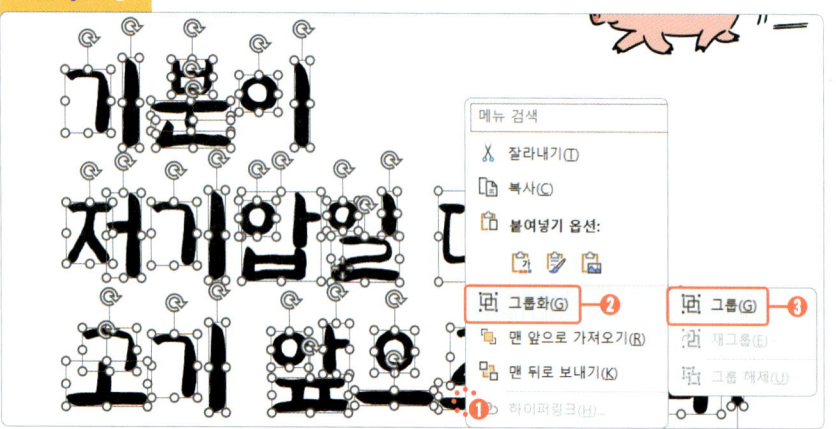

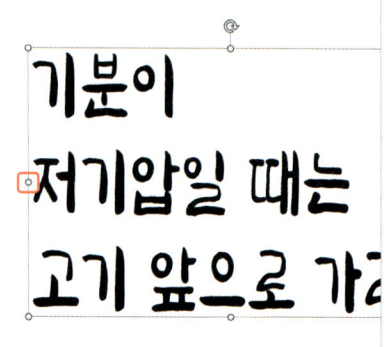

❶ 글자 주변을 드래그하여 모든 텍스트를 선택
❷ 우클릭하여 그룹으로 지정

❸ 텍스트의 가로 비율을 조절

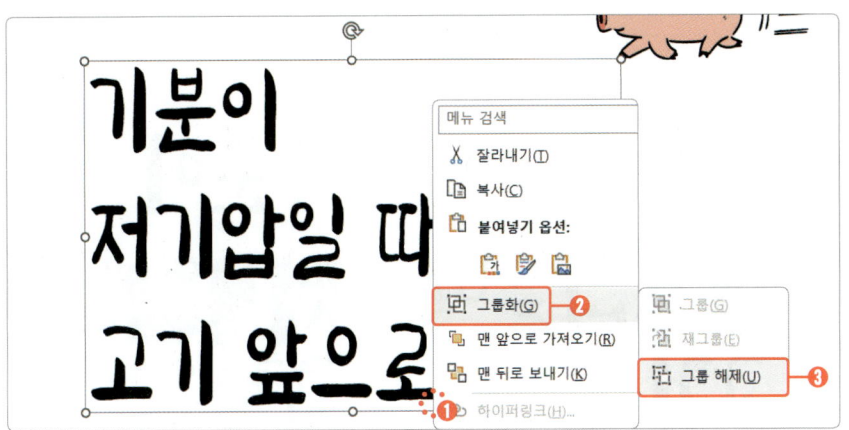

> **Tip**
>
> 그룹 관련 단축키
> - 그룹 지정 : Ctrl + G
> - 그룹 해제 : Ctrl + Shift + G

❹ 그룹으로 지정된 글자를 선택한 다음 그룹 해제

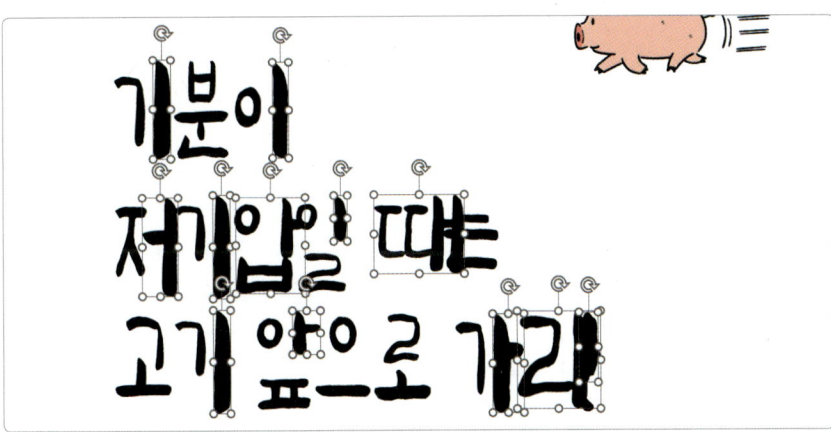

❺ Shift 를 눌러 원하는 글자를 선택해 조절점으로 모양을 변형

❻ 각 글자의 위치를 조절

> **Tip**
>
> **부분 그룹을 통해 글자 배치하기**
>
> Shift 를 누른 채 필요한 글자를 하나씩 선택한 뒤, Ctrl + G 를 눌러 그룹으로 만들 수 있어요. 이렇게 묶은 글자의 크기 또는 위치를 조절하면 더 멋진 캘리그래피가 완성돼요!

Step 5 특정 글자를 디자인해요!

① '저기압' 단어를 그룹으로 지정 (Ctrl+G)

② '고기앞' 단어를 그룹으로 지정 (Ctrl+G)

③ 단어를 복사(Ctrl+C) 및 붙여넣기(Ctrl+V)

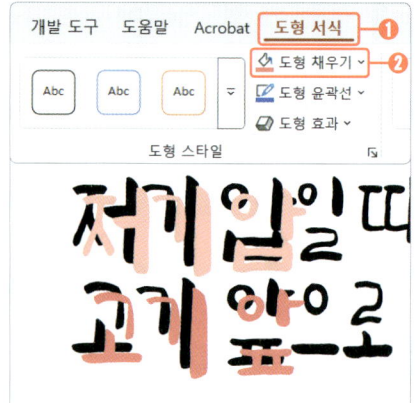
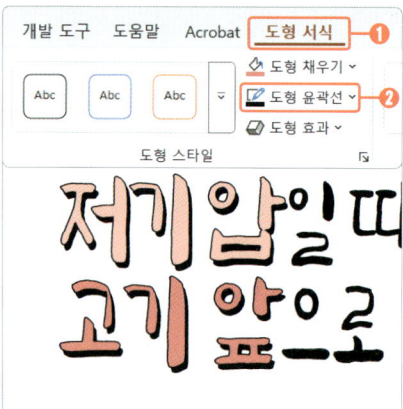

④ 각 단어를 선택한 후 채우기 색을 변경

⑤ 윤곽선 색과 두께를 변경한 후 위치 조절

> **Tip**
>
> **도형 윤곽선 변경**
>
> 교재에서는 [도형 서식]-[도형 윤곽선]에서 검정을 선택한 다음 [두께]를 1½pt 로 변경했어요.

Step 6 배경에 질감이 있는 그림을 채워 작품을 완성해요!

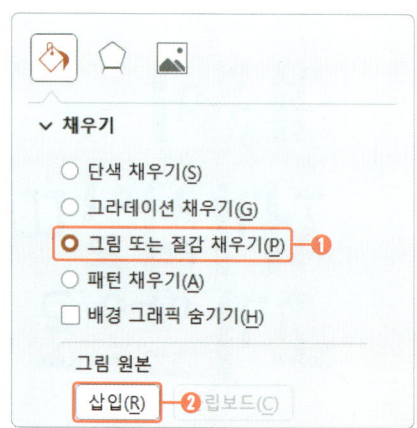

① 슬라이드의 빈 곳 위에서 [배경 서식] 클릭

② [그림 또는 질감 채우기]-<삽입> 클릭

76

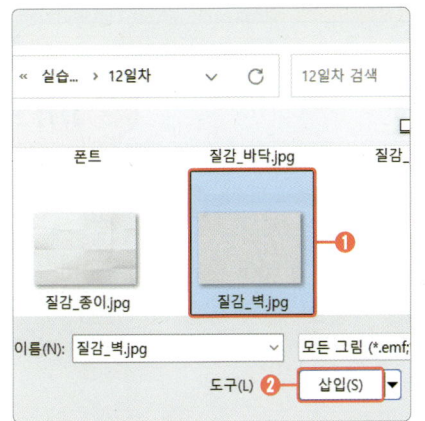 

❸ [12일차] 폴더에서 원하는 질감 이미지 선택

❹ 그림과 글자의 크기 및 위치를 조절하여 작품 완성

 **Design 플러스** 슬라이드 안의 그림과 캘리그래피 폰트를 활용해 작품을 완성해 보세요!

실습 및 완성 : [12일차]-[연습문제]

 ➡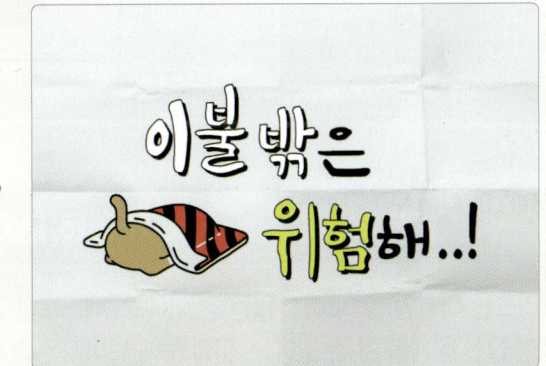

작성 조건

❶ 슬라이드에 그림과 어울리는 문구 입력 후 원하는 캘리그래피 서체로 변경하기
❷ 임의의 도형을 추가한 다음 [도형 병합]-[조각]을 클릭하여 글자 깨뜨리기
❸ 자유롭게 글자 모양을 변형 후 특정 글자에 효과 적용하기
❹ [12일차]-[연습문제] 폴더에서 질감 그림을 슬라이드의 배경으로 삽입하기
❺ 그림과 글자를 배치해 작품 완성하기

#표삽입 #셀병합 #표서식변경 #셀채우기 #스톡이미지 #셀투명도지정

13일차 포토그래퍼 커버디자인

오늘의 디자인 | 표의 셀을 병합한 후 파워포인트에서 제공하는 스톡 이미지를 셀에 채워 넣어 보세요. 각 셀마다 채우기 색의 투명도를 조절하면 감각적인 커버 디자인이 완성될 거예요!

Before

제목을 추가하려면 클릭하십시오.
부제목을 입력하십시오

After

실습 및 완성 : [13일차] 폴더

 **빠삭 Design** | 보기 좋은 디자인의 비밀, 그리드

그리드는 디자인 속 '보이지 않는 선'이에요. 텍스트나 그림을 정리된 위치에 놓도록 도와주어 줄 맞춤, 간격 조절, 균형 잡힌 배치를 할 수 있어요. 직접 눈에 보이지는 않지만, 잘 만들어진 디자인 뒤에는 늘 그리드가 숨어 있어요.

▲ 그리드가 정돈되지 않은 디자인

▲ 그리드가 정돈된 디자인

Step 1 표를 삽입하고 표 서식을 변경해요!

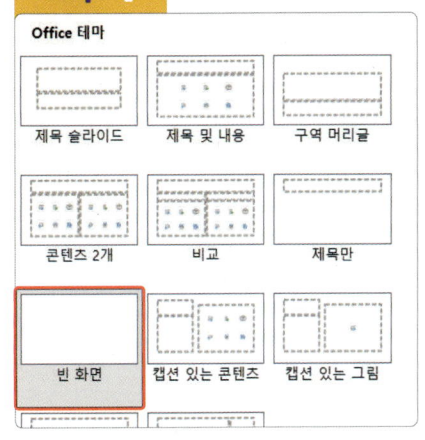

❶ 파워포인트를 실행 후 [레이아웃]-[빈 화면]을 지정

❷ 슬라이드 크기를 [표준 4:3]으로 선택

❸ 6×4 사이즈의 표 삽입

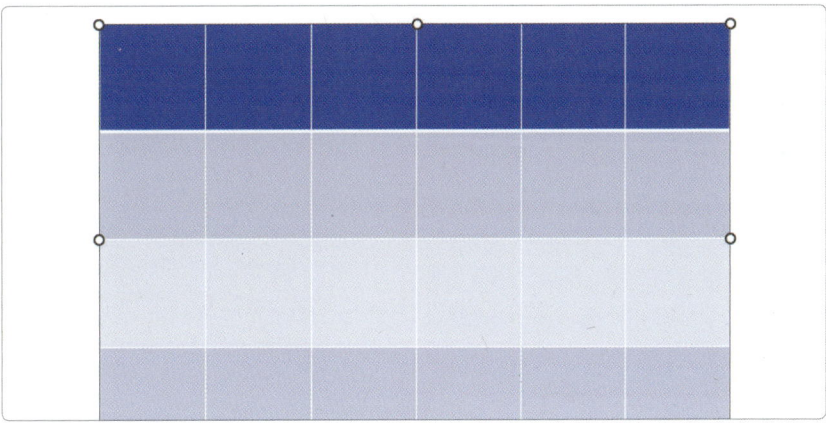

❹ 적당한 크기로 슬라이드 중앙에 배치

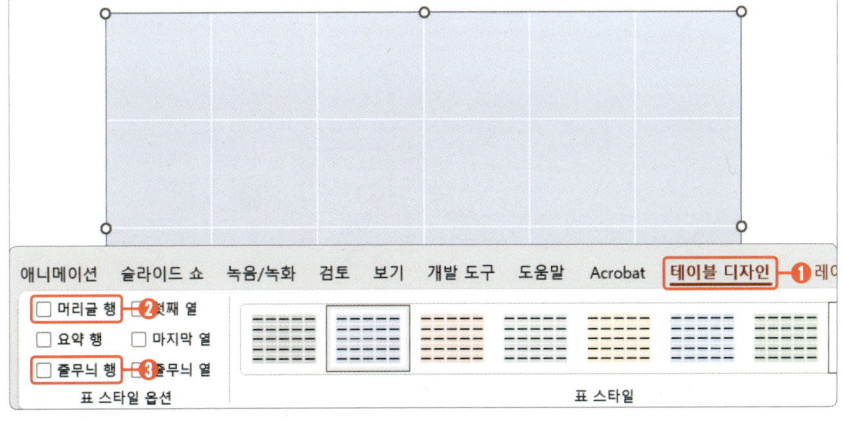

❺ '머리글 행'과 '줄무늬 행' 옵션의 체크를 해제

> **Tip**
>
> **개체 중앙 정렬**
>
> 표를 선택한 후 [표 레이아웃]-[맞춤]에서 [가운데 맞춤]과 [중간 맞춤]을 지정하면 표를 슬라이드의 중앙에 정렬할 수 있어요.
>
>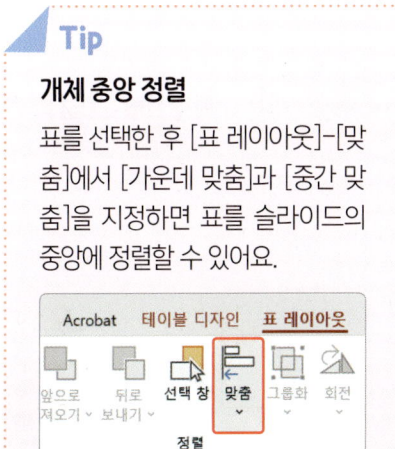

| Step 2 | **셀을 병합하여 그리드를 지정해요!** |

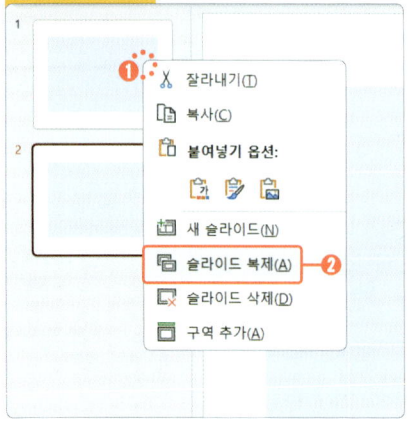

❶ 첫 번째 슬라이드를 복제

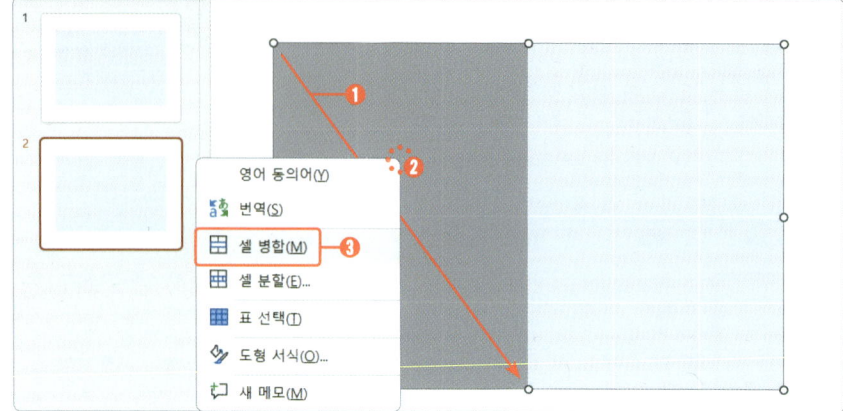

❷ 두 번째 슬라이드 표의 안쪽 셀을 드래그
❸ 셀 위에서 우클릭하여 [셀 병합]

❹ 선택된 셀이 하나의 셀로 병합된 것을 확인

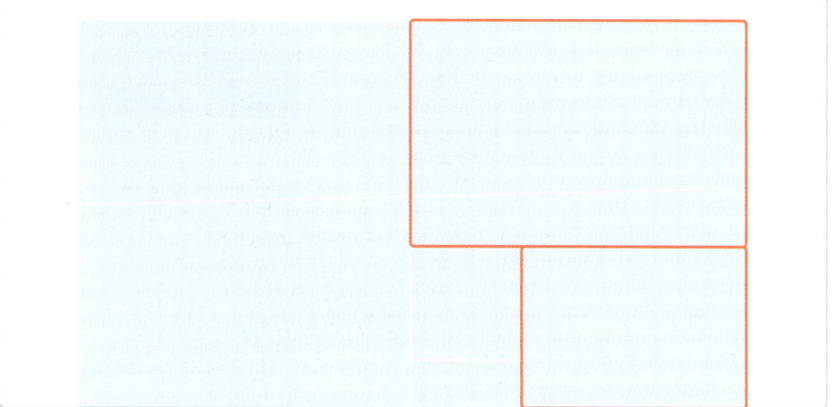

❺ 원하는 형태의 그리드가 만들어질 수 있도록 셀 병합 작업

| Step 3 | **셀 안에 그림을 채워요!** |

❶ 병합된 첫 번째 셀 위에서 우클릭
❷ [도형 서식] 클릭

❸ [그림 또는 질감 채우기]를 선택한 후 <삽입> 클릭

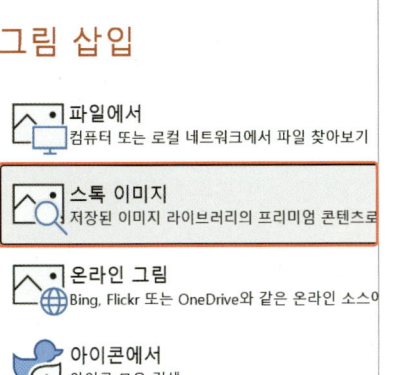

❹ [스톡 이미지] 선택

❺ 원하는 이미지를 찾아 <삽입>

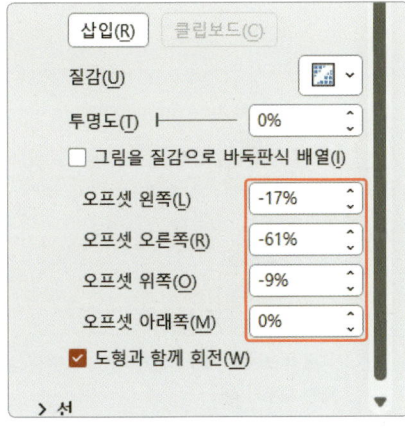

❻ 셀의 비율에 맞추어 오프셋 위치를 조정

❼ 셀 안에 그림이 배치된 것을 확인

Tip
이렇게 작업했어요!

교재에서는 '우산', '망원경', '화분', '마스크'를 검색하여 이미지를 찾았습니다. 알록달록 멋진 이미지를 찾아 셀에 삽입해 보세요.

❽ [스톡 이미지] 기능을 이용해 나머지 셀 안에 원하는 이미지를 추가
❾ 셀의 비율에 맞추어 오프셋 위치를 조정

Step 4 표의 각 셀에 투명도를 적용하여 멋진 작품을 완성해요!

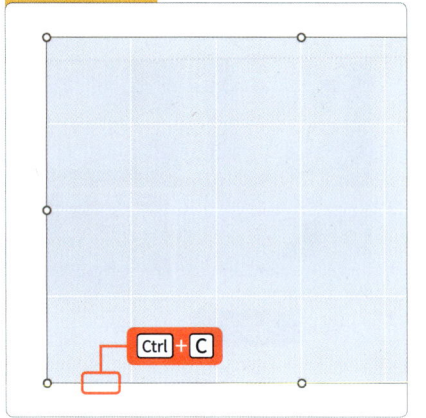 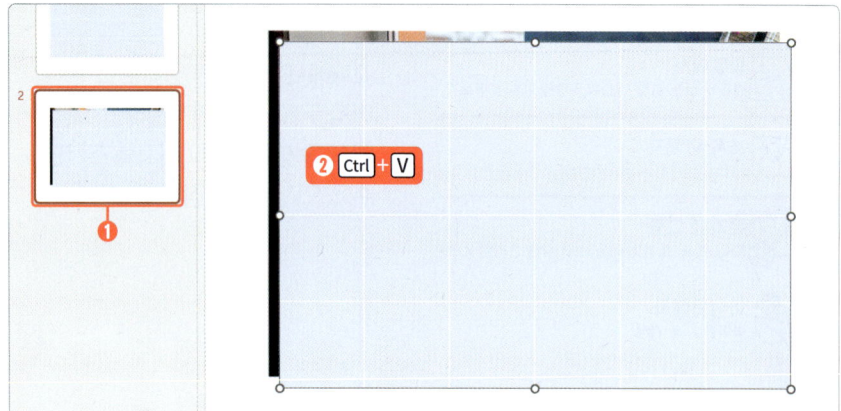

❶ 첫 번째 슬라이드의 표를 복사 (Ctrl+C)
❷ 두 번째 슬라이드를 선택한 후 표 붙여넣기(Ctrl+V)

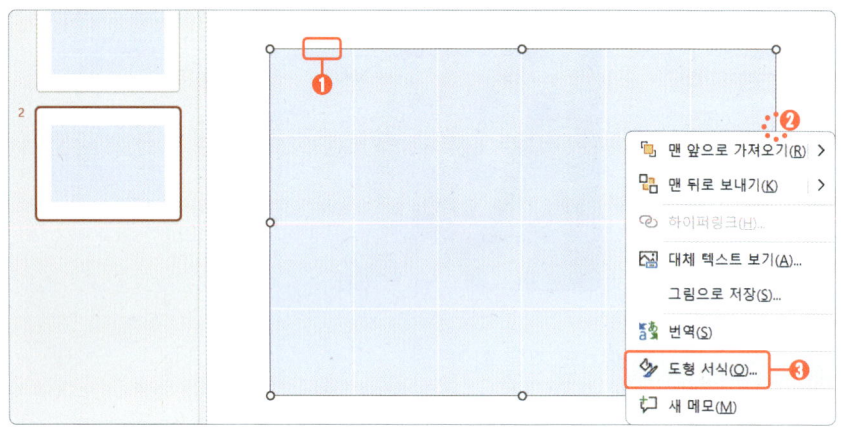 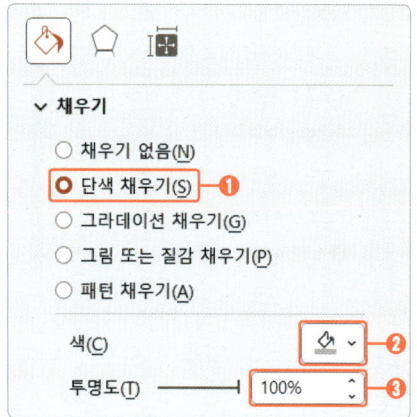

❸ 뒤쪽의 표와 똑같은 위치로 이동
❹ 표 위에서 우클릭하여 [도형 서식] 클릭

❺ 원하는 색을 선택한 후 투명도를 100%로 지정

> **Tip**
> **작업 순서 이해하기**
> 두 번째 슬라이드의 맨 뒤쪽에는 셀을 병합하여 그림이 삽입된 표가 있고, 그 위에는 채우기 색의 투명도가 100%로 설정된 표가 덮여 있는 구조예요.

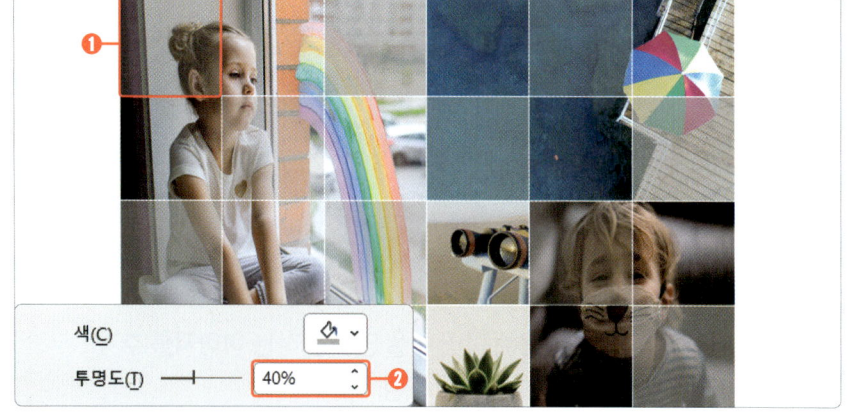

❻ 특정 셀을 선택하여 투명도를 각각 다르게 지정

Step 5 배경에 색을 채우고 도형과 그림을 삽입해요!

❶ 슬라이드의 빈 곳 위에서 우클릭 후 [배경 서식]에서 색 변경
❷ [사각형]-[직사각형] 도형 삽입 후 표 뒤쪽에 배치

❸ [13일차]에서 텍스트 이미지를 삽입하여 꾸미기

Design 플러스 — 완성된 작품에 애니메이션을 적용해 보세요!

실습 및 완성 : [13일차]-[연습문제]

작성 조건

❶ 삽입된 표를 선택 후 [애니메이션]-[애니메이션 추가]-[추가 나타내기 효과]에서 '십자형' 적용
❷ [애니메이션]-[애니메이션 추가]-[추가 끝내기 효과]에서 '십자형' 적용

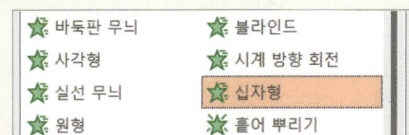
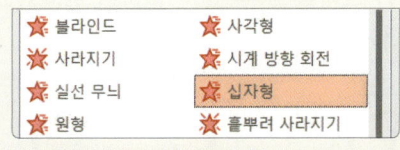

❸ [애니메이션 창]을 활성화 후 나타내기 애니메이션의 타이밍 옵션 변경
   (시작 : 이전 효과와 함께 / 재생 시간 : 4초)
❹ [애니메이션 창]을 활성화 후 끝내기 애니메이션의 타이밍 옵션 변경
   (시작 : 이전 효과 다음에 / 지연 : 2초 / 재생 시간 : 4초)

 #도형모양변경 #슬라이드복제 #스케치윤곽선 #GIF저장

14일차 뽀짝뽀짝 움직이는 이모티콘

오늘의 디자인 | 제공되는 캐릭터의 움직임을 살짝씩 바꿔보세요. 슬라이드를 복제하면서 장면을 조금씩 다르게 수정하면, 움직이는 이모티콘을 만들 수 있어요. 완성된 슬라이드는 GIF로 저장해 보세요!

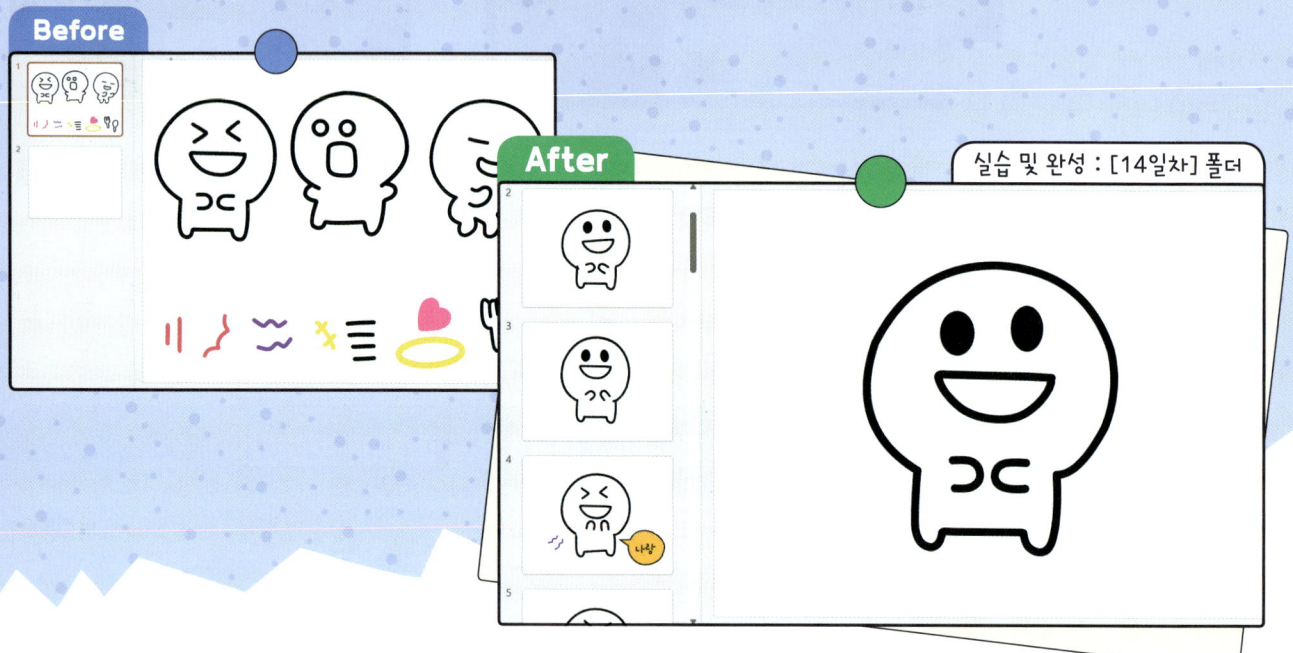

실습 및 완성 : [14일차] 폴더

 움직이는 이모티콘 만들기

이모티콘은 짧은 순간에 감정을 전하는 마법 같은 그림이에요. 동그란 얼굴에 눈, 입, 손짓만 조금 달라져도 '기쁨', '놀람', '수줍음'처럼 전혀 다른 감정이 표현돼요. 장면마다 표정을 바꾸거나 팔을 살짝 움직이면, 캐릭터가 살아 움직이는 듯한 느낌을 줄 수 있죠. 단순한 도형으로도 이렇게 생생한 감정을 담을 수 있다는 게 이모티콘 디자인의 매력이랍니다!

Step 1 캐릭터의 그룹을 해제한 후 도형 모양을 바꿔요!

❶ [14일차]-'움직이는이모티콘' 파일 불러오기
❷ 원하는 이모티콘을 복사(Ctrl+C)

❸ 두 번째 슬라이드에 붙여넣기 (Ctrl+V)

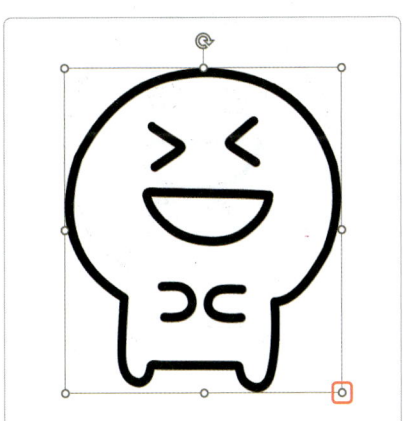 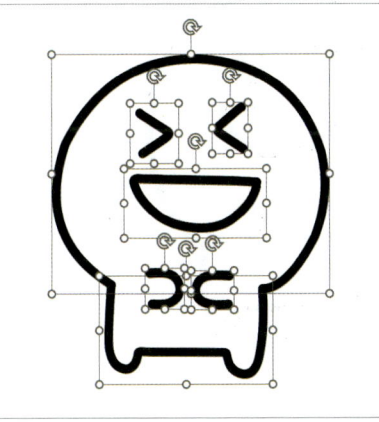

❹ 도형의 크기 및 위치 조절

❺ 그룹 해제(Ctrl+Shift+G)

Tip

그룹 해제

경고 대화상자가 표시된다면 <예>를 눌러 그룹을 해제할 수 있어요. 이미지 위에서 우클릭하여 [그룹화]-[그룹 해제]를 선택해도 그룹 해제가 가능합니다.

 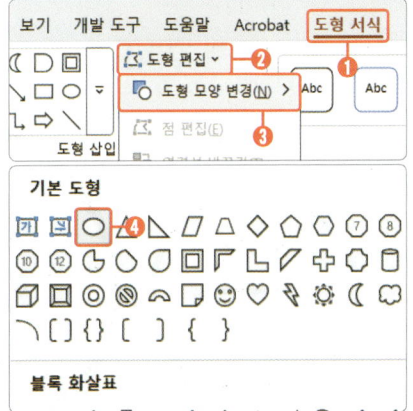 

❻ Shift를 누른 채 눈을 각각 선택

❼ [도형 모양 변경]에서 [기본 도형]-[타원] 클릭

❽ 눈 모양이 타원으로 변경된 것을 확인

Step 2 슬라이드를 복제하면서 모션을 만들어요!

❶ 두 번째 슬라이드를 복제

❷ 세 번째 슬라이드에서 눈, 입, 팔, 얼굴, 몸통의 크기와 위치를 조정

❸ 세 번째 슬라이드를 복제
❹ 네 번째 슬라이드의 캐릭터를 편집

❺ 같은 방법으로 다섯 번째 슬라이드 작업

Step 3 첫 번째 슬라이드와 도형을 활용해 꾸며요!

❶ 첫 번째 슬라이드에서 캐릭터 복사([Ctrl]+[C])

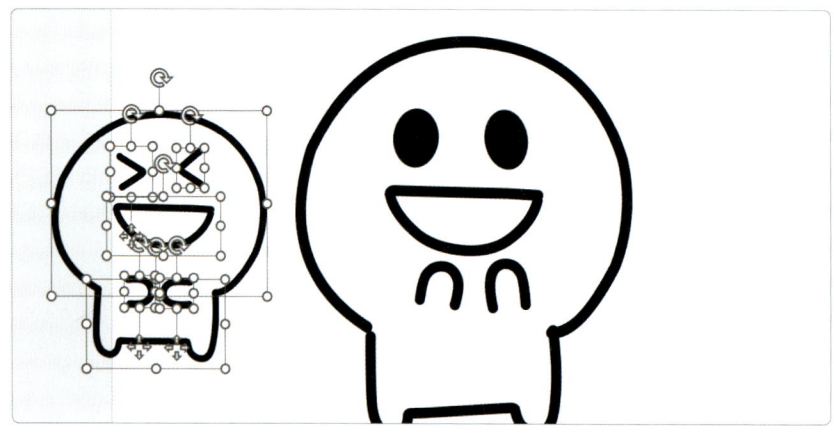

❷ 다섯 번째 슬라이드에 붙여넣기([Ctrl]+[V])
❸ 그룹 해제([Ctrl]+[Shift]+[G])

> **Tip**
>
> **작업에 유의해요!**
>
> 이모티콘의 자연스러운 움직임을 위해 메인 캐릭터의 위치가 흔들리지 않도록 유의하며 작업합니다.

❹ 기존의 눈 모양을 대체하기
❺ 불필요한 개체를 삭제

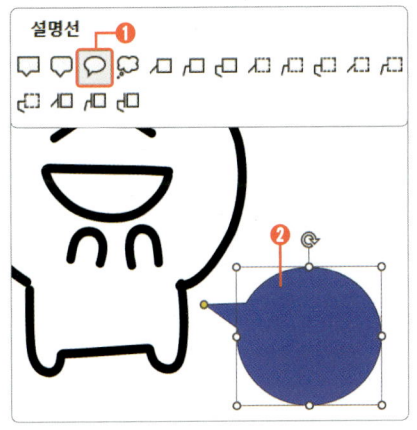

> **Tip**
>
> **스케치 윤곽선**
>
> [도형 윤곽선]-[스케치]를 선택하면 구불구불 손그림 느낌의 도형 테두리를 적용할 수 있어요!

❻ [설명선]-[말풍선: 타원형]을 삽입
❼ 도형 서식을 자유롭게 변경

> **Tip**
>
> **폰트 다운로드**
>
> 눈누(noonnu.cc) 또는 학교 안심 폰트(copyright.keris.or.kr)에서 다양한 모양의 폰트를 다운로드 할 수 있습니다.

❽ 도형이 선택된 상태에서 내용 입력
❾ 글꼴 서식을 자유롭게 변경

> **Tip**
>
> **작업에 참고해요!**
>
> 동작을 너무 크게 바꾸게 되면 애니메이션이 어색해질 수도 있습니다. 캐릭터의 모습이 조금씩 조정된 슬라이드가 많을수록 자연스러운 결과물을 얻을 수 있어요.

❿ 배운 기능을 활용하여 슬라이드를 복제하면서 모션 완성하기

⓫ 첫 번째 슬라이드에 배치된 다양한 아이템을 추가해 모션 완성하기

Step 4 움직이는 애니메이션(GIF)으로 저장해요!

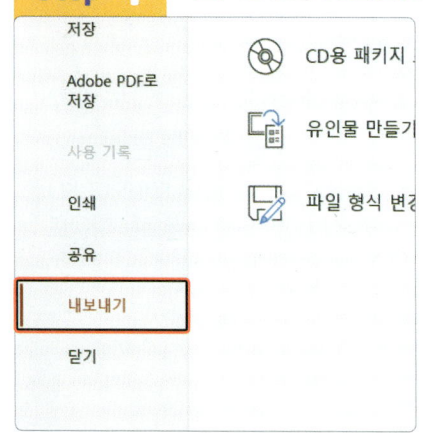
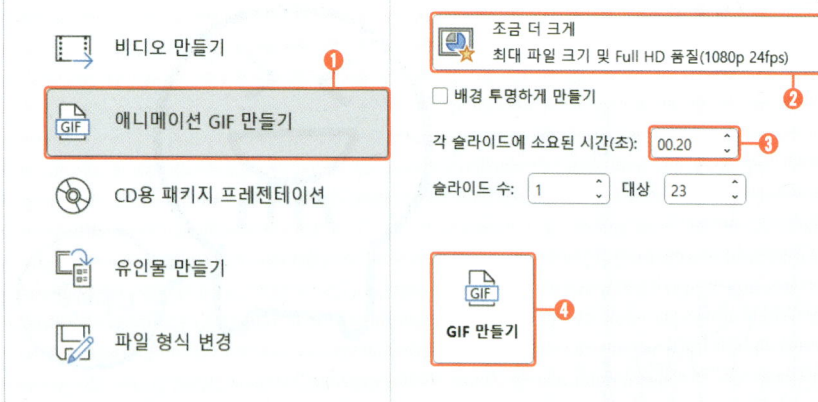

❶ [파일]-[내보내기] 클릭
❷ [애니메이션 GIF 만들기] 클릭
❸ 저장 옵션을 지정한 후 <GIF 만들기> 클릭

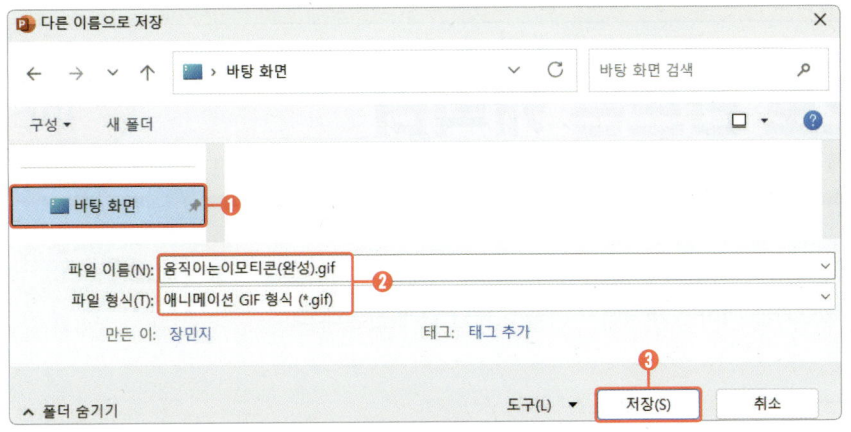

❹ 원하는 경로를 선택
❺ 파일 이름과 파일 형식(GIF)을 확인 후 <저장>

Tip
GIF 파일 형식
GIF는 움직임을 제공하는 이미지 저장 방식이에요. 저장된 GIF 이미지를 열어 움직이는 이모티콘을 확인해 보세요.

 **완성된 작품에 애니메이션을 적용해 보세요!**

실습 및 완성 : [14일차]-[연습문제]

❶ 첫 번째 슬라이드에 있는 캐릭터를 복사(Ctrl+C)
❷ 두 번째 슬라이드에 붙여넣기(Ctrl+V) → 그룹 해제
❸ 슬라이드를 복제 후 원하는 모양으로 변경하면서 움직이는 장면을 연출
❹ [애니메이션 GIF 만들기] 기능으로 내보내기하여 움직이는 이모티콘을 완성

#레이아웃변경 #도형삽입 #도형서식변경 #기본도형으로설정 #도형효과(그림자)

15 일차 도형으로 만드는 캐릭터

오늘의 디자인 | 파워포인트에서 제공하는 다양한 도형을 이용해 나만의 귀여운 캐릭터를 만들어 보세요. 표정 이미지를 넣고 그림자 효과를 더하면 캐릭터가 더욱 생동감 있게 완성돼요!

Before

제목을 추가하려면 클릭하십시오.

부제목을 입력하십시오

After

실습 및 완성 : [15일차] 폴더

빠삭 Design | 나만의 캐릭터 만들기

캐릭터 디자인이 꼭 복잡할 필요는 없어요. 단순한 도형과 색상만으로도 충분히 매력적인 캐릭터를 만들 수 있답니다. 먼저, 기본 도형을 이용하여 균형 잡힌 몸의 형태를 구성해 보세요. 그다음엔 옷을 입히고, 헤어 스타일을 추가해 캐릭터의 분위기를 만들어 줘요. 마지막으로 좋아하는 색상이나 무늬를 활용해 나만의 개성을 담아보세요.

 →  →

 **Step 1** 캐릭터의 몸통을 구성해요!

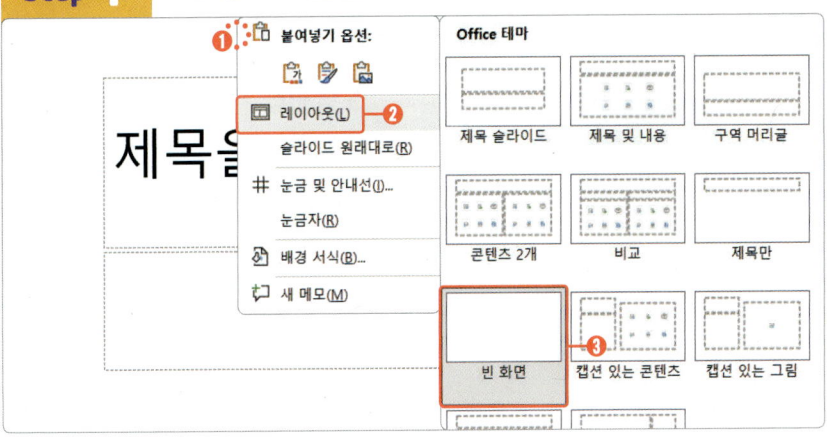
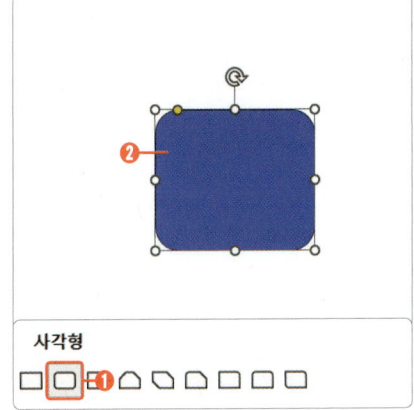

❶ 파워포인트 프로그램을 실행
❷ 슬라이드의 [레이아웃]을 [빈 화면]으로 지정

❸ [사각형]-[사각형: 둥근 모서리] 도형 삽입

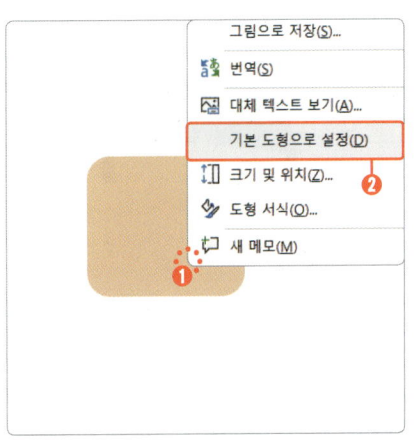
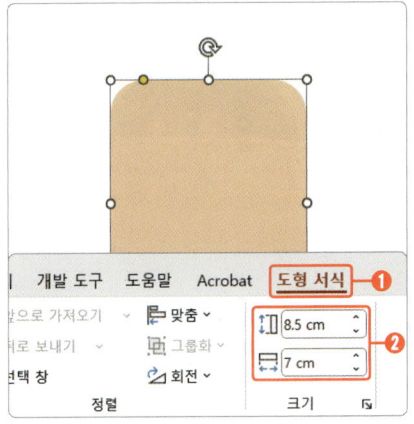

❹ 도형의 채우기 색상 변경

❺ 윤곽선을 없음으로 지정 후 [기본 도형으로 설정]

❻ 수치를 입력하여 도형의 크기를 변경

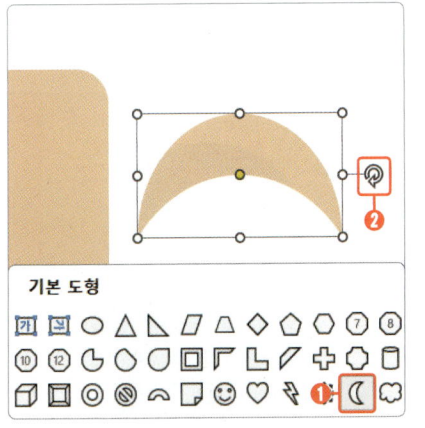
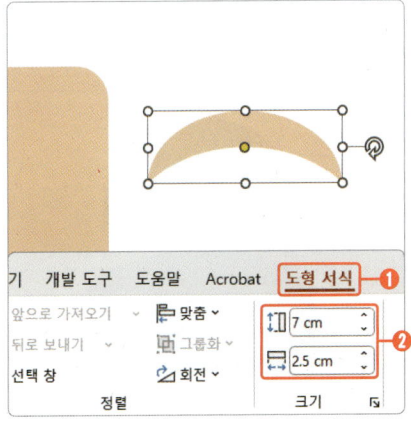

❼ [기본 도형]-[달] 도형 삽입 후 회전

❽ 수치를 입력하여 도형의 크기를 변경

❾ 두 개의 도형을 겹친 후 그룹으로 지정

Step 2 캐릭터의 머리를 만들어요!

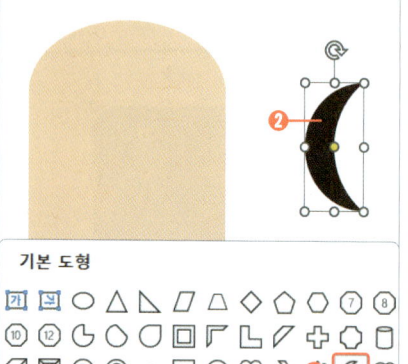

❶ [기본 도형]-[달] 도형 삽입 후 색상 변경

❷ 도형 회전 및 모양 변형으로 앞머리 완성

Tip
도형 편집

달 모양의 도형을 삽입 후 도형 주변에 표시된 ○로 모양을 변형하고, ↻으로 회전할 수 있어요.

❸ [기본 도형]-[이등변 삼각형] 도형 삽입

❹ [기본 도형]-[사다리꼴] 도형을 삽입 후 색상 변경

Tip
복사 기능 이용하기

옆머리를 만든 후 Ctrl + Shift 를 누른 채 드래그하면 반대쪽으로 복사할 수 있어요. 이렇게 작업하면 훨씬 수월해져요!

Step 3 캐릭터의 상의와 하의를 만들어요!

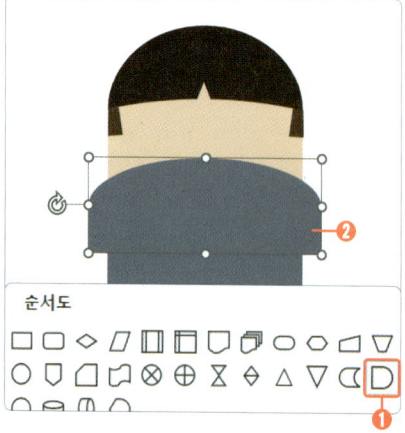

❶ [사각형]-[직사각형] 도형 삽입 후 서식 변경

❷ [순서도]-[순서도: 지연] 도형 삽입 후 서식 변경

❸ 해당 도형을 [맨 뒤로 보내기]

④ [사각형]-[사각형: 둥근 모서리] 도형 삽입 후 서식 변경

⑤ 상의 도형을 [맨 앞으로 가져오기]

⑥ [기본 도형]-[사다리꼴] 도형으로 바지 작업

Step 4 다양한 도형을 활용해 캐릭터를 완성해요!

Tip
팔은 이렇게 작업해요!
[사각형: 둥근 모서리] 도형을 삽입한 후 위쪽에 표시된 ○로 모양을 둥글게 변형한 다음 맨 뒤쪽에 배치해 줍니다.

① [순서도]-[순서도: 지연] 도형으로 신발 작업

② [사각형]-[사각형: 둥근 모서리] 도형으로 팔 작업

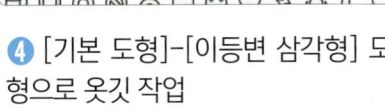

③ 팔을 복사하여 손 완성

④ [기본 도형]-[이등변 삼각형] 도형으로 옷깃 작업

⑤ [기본 도형]-[사다리꼴] 도형으로 넥타이 작업

15 도형으로 만드는 캐릭터

❻ [사각형]-[사각형: 둥근 모서리] 도형으로 넥타이 완성

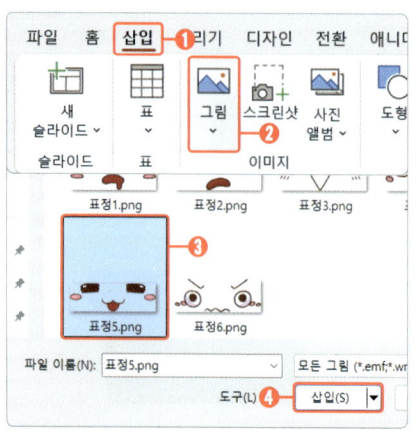
❼ [15일차] 폴더에서 표정 이미지를 삽입

❽ 캐릭터 완성

Step 5 면에 패턴을 채워 포인트를 줄 수 있어요!

❶ 넥타이 위에서 우클릭하여 [도형 서식] 클릭

❷ [패턴 채우기]를 클릭한 후 원하는 모양 선택
❸ 전경색과 배경 색상을 지정

❹ 똑같은 방법으로 넥타이 하단 부분과 신발에 패턴 적용

❺ Ctrl+A를 눌러 모든 개체를 선택

❻ Ctrl+Shift를 누른 채 드래그하여 복사

Step 6 캐릭터를 다른 모습으로 바꿔보세요!

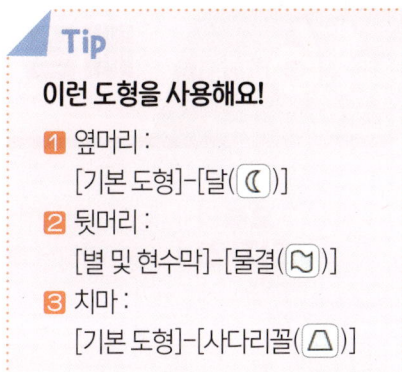

> **Tip**
> 이런 도형을 사용해요!
> 1 옆머리 :
>   [기본 도형]-[달(☾)]
> 2 뒷머리 :
>   [별 및 현수막]-[물결(◌)]
> 3 치마 :
>   [기본 도형]-[사다리꼴(△)]

❶ 복사된 캐릭터의 도형과 표정을 변경 후 하나의 그룹으로 지정
❷ [도형 서식]-[도형 효과]-[그림자] 적용

Design 플러스 머리와 옷을 다른 도형으로 변경하여 새로운 캐릭터를 만들어 보세요!

실습 및 완성 : [15일차]-[연습문제]

작성 조건
❶ 두 캐릭터의 머리에 이용된 도형을 삭제
❷ [기본 도형]의 [달], [구름], [타원] 등을 활용하여 머리 모양 변경
❸ 같은 방법으로 옷 모양을 변경
❹ [15일차] 폴더에서 이미지를 삽입하여 표정을 변경

 #도형병합(통합) #이동경로애니메이션 #애니메이션복사 #도형모양변경

16일차 빼꼼 귀여운 캐릭터

오늘의 디자인 | 도형을 이용해 토끼 캐릭터를 완성한 후 도형 모양 변경 기능으로 돼지와 곰 캐릭터를 만들어 보세요. 완성된 캐릭터에 애니메이션을 적용해 문 뒤에서 등장하는 모습을 연출할 수 있어요.

실습 및 완성 : [16일차] 폴더

 **빠삭 Design** | 동물 캐릭터 쉽게 그리기!

토끼, 돼지, 곰은 얼굴 형태가 비슷해요. 동글동글한 얼굴에 귀와 코만 살짝 바꿔주면 서로 다른 동물이 완성됩니다. 중요한 건 전체를 복잡하게 그리는 게 아니라, 특징을 딱 잡아서 표현하는 것이에요.

▲ 토끼   ▲ 돼지   ▲ 곰

Step 1 타원과 달 도형으로 토끼 캐릭터의 윤곽을 만들어요!

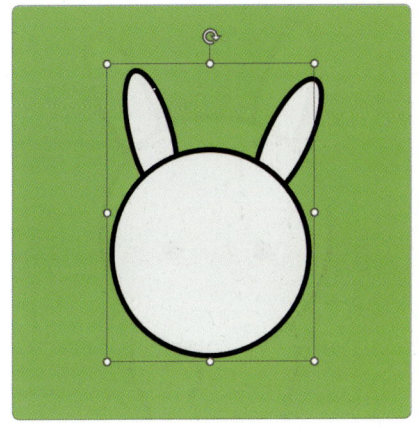

❶ [16일차]-'빼꼼캐릭터' 파일 불러오기

❷ [기본 도형]-[타원] 선택

❸ 타원 도구로 토끼 얼굴과 귀를 그린 후 그룹으로 지정

> **Tip**
> **그룹 지정하기**
> 그룹으로 지정할 개체를 모두 선택한 다음 Ctrl+G를 눌러 그룹으로 지정할 수 있어요.

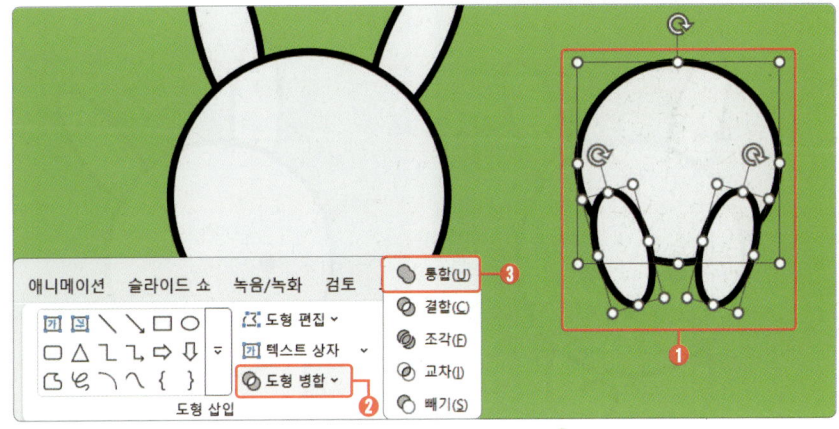

❹ 타원 도구를 이용해 몸통과 다리 작업
❺ 몸통과 다리 선택 후 [도형 병합]-[통합] 클릭

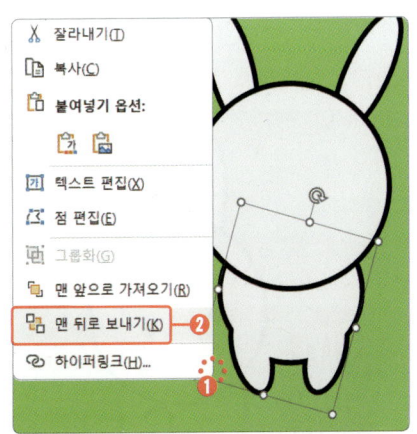
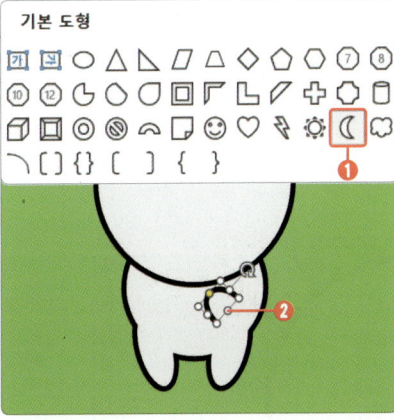

❻ 얼굴 뒤쪽으로 몸통을 배치

❼ [기본 도형]-[달]을 삽입하여 손 모양 완성

> **Tip**
> **토끼 손 모양 작업**
> 달 모양의 도형을 삽입 후 도형 주변에 표시된 ◯로 모양을 변형하고, ↻으로 회전할 수 있어요.

16 빼꼼 귀여운 캐릭터

Step 2 토끼 캐릭터 표정을 완성하고 그룹으로 지정해요!

❶ [기본 도형]-[타원]을 삽입하여 눈 완성

❷ [기본 도형]-[이등변 삼각형]을 삽입하여 코 완성

Tip
도형 서식 변경하기

도형을 선택한 후 [도형 서식] 탭의 [도형 채우기]를 '검정'으로 변경하고, [도형 윤곽선]을 '윤곽선 없음'으로 지정해요.

❸ 캐릭터의 얼굴, 눈, 코를 선택해 그룹으로 지정

❹ 그룹으로 지정된 얼굴을 회전

❺ 삽입된 모든 개체를 선택하여 그룹으로 지정

Step 3 문 일러스트 이미지를 삽입해요!

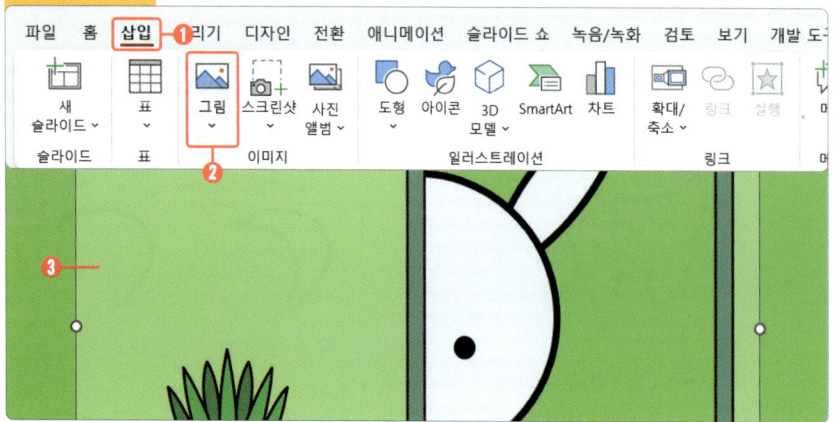
❶ [삽입]-[그림]을 클릭
❷ [16일차]-'문' 이미지 삽입

❸ 슬라이드에 맞추어 문 이미지의 크기 조절 후 [맨 뒤로 보내기]

Step 4 캐릭터에 이동 경로 애니메이션을 적용해요!

❶ 캐릭터를 화분 앞쪽으로 이동

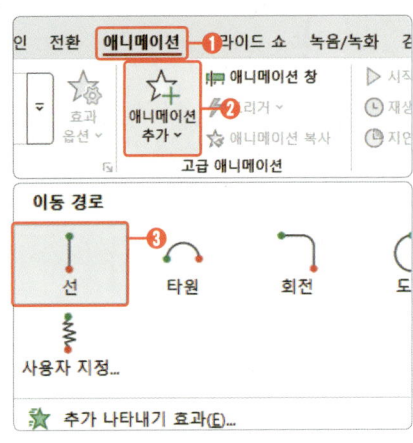

❷ [애니메이션]-[애니메이션 추가]-[이동 경로-선] 클릭

❸ 빨간색 조절점을 드래그하여 애니메이션 경로를 문 앞쪽으로 이동

> **Tip**
> **슬라이드 쇼 실행**
> F5를 눌러 슬라이드 쇼가 시작되면 화면을 클릭해 캐릭터가 오른쪽으로 이동하는지 확인해 보세요.

Step 5 도형 모양 변경 기능으로 돼지 캐릭터를 만들어요!

❶ 첫 번째 슬라이드를 복제

❷ 두 번째 슬라이드 토끼 캐릭터의 모든 그룹을 해제

> **Tip**
> **그룹 해제**
> 토끼 캐릭터를 선택한 후 Ctrl+Shift+G를 여러 번 눌러 그룹을 모두 해제할 수 있어요.

❸ 두 번째 슬라이드에서 토끼의 양쪽 귀를 선택

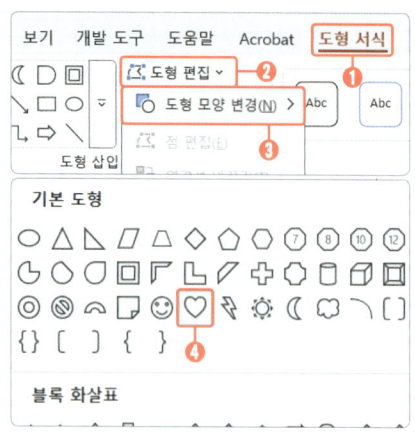

❹ [도형 모양 변경]에서 [기본 도형]-[하트] 클릭

❺ 타원 모양이 하트로 변경된 것을 확인

❻ 도형을 회전하고 크기를 조절해 돼지 귀 완성

❼ 타원 도형을 삽입하여 돼지 코 완성

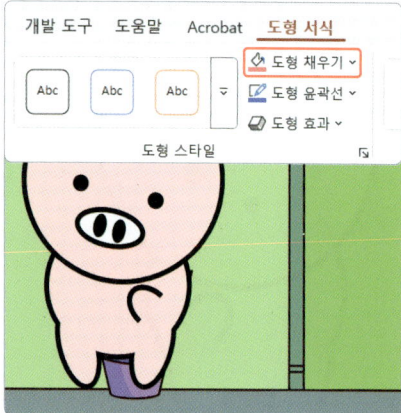

❽ 도형의 채우기 색상을 변경

Step 6 돼지 캐릭터에 애니메이션을 적용해요!

❶ 돼지 캐릭터를 그룹으로 지정

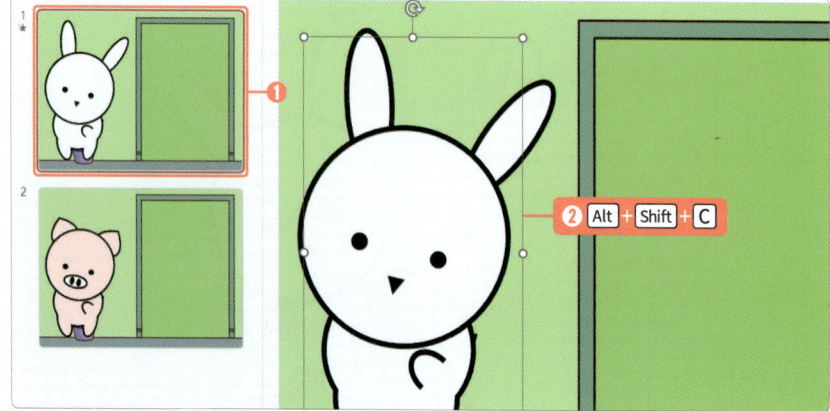

❷ 첫 번째 슬라이드의 토끼 캐릭터를 선택
❸ Alt + Shift + C 를 눌러 애니메이션 복사

> Tip
> **애니메이션 복사**
> 애니메이션이 있는 개체를 선택한 뒤 Alt + Shift + C 를 누르면 마우스 포인터가 모양으로 바뀌게 돼요. 이 상태에서 애니메이션을 적용할 개체를 선택합니다.

④ 두 번째 슬라이드의 돼지 캐릭터를 선택하여 애니메이션 적용

Step 7 곰 캐릭터를 작업해요!

① 첫 번째 슬라이드를 복제
② 복제된 슬라이드를 세 번째 슬라이드 위치로 이동

③ 세 번째 슬라이드에 곰 캐릭터를 완성 후 그룹으로 지정

④ 첫 번째 슬라이드의 애니메이션을 복사하여 적용

⑤ 각 슬라이드의 캐릭터를 [맨 뒤로 보내기] 작업
⑥ F5 를 눌러 슬라이드 쇼가 시작되면 적용된 애니메이션 확인

그림과 텍스트에 애니메이션을 적용하여 완성해 보세요!

실습 및 완성 : [16일차]–[연습문제]

작성 조건

❶ [16일차]–[연습문제] 폴더의 사계절 이미지 중 하나를 삽입한 후 뒤쪽에 배치하기
❷ 텍스트 상자를 이용해 배경 이미지와 어울리는 노래 가사 입력하기
❸ 입력된 텍스트의 글꼴 서식 변경하기([16일차]–[연습문제] 폴더 안에 글꼴 제공)
❹ [16일차]–[연습문제] 폴더에서 '캐릭터.png'를 삽입한 후 슬라이드 하단 바깥쪽에 배치
❺ '캐릭터.png'에 [이동 경로]–[선] 애니메이션을 추가한 후 경로를 수정하기
❻ 입력된 노래 가사를 선택한 후 [나타내기]–[나타내기] 애니메이션을 적용하기
❼ [애니메이션]–[애니메이션 창]을 선택한 후 텍스트에 적용된 애니메이션 목록 더블클릭

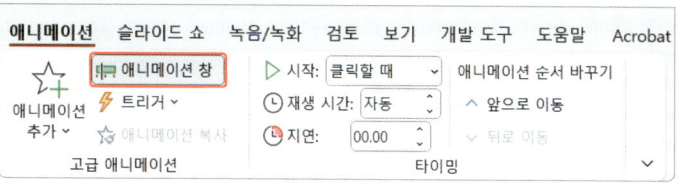
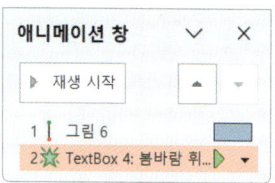

❽ [효과]와 [타이밍] 옵션을 변경하기

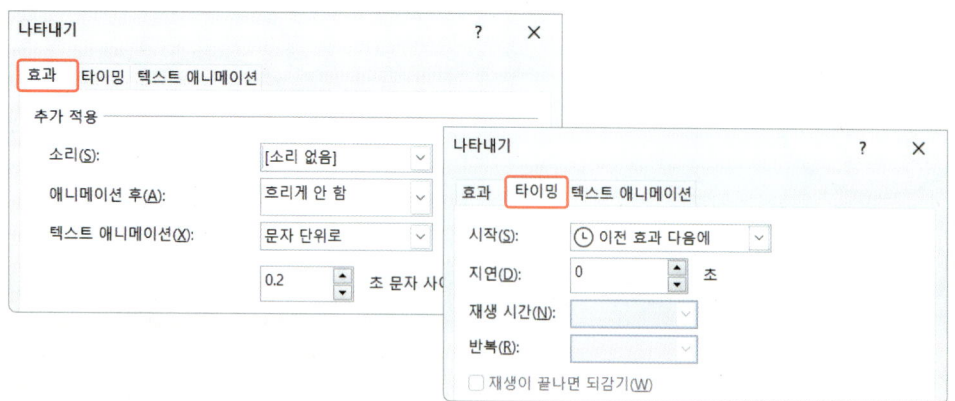

#바둑판식배열배경 #도형병합(교차) #애니메이션 #모핑

17일차 구겨지는 디저트 모핑 영상

오늘의 디자인 | 이미지를 도형으로 변환하여 더 화려한 모핑 효과를 만들 수 있어요. 여기에 이미지를 바둑판식으로 반복 배열하면, 배경에 다채로운 패턴이 더해져 한층 더 감각적인 디자인이 완성될 거예요!

실습 및 완성 : [17일차] 폴더

패턴으로 꾸미는 디자인의 리듬!

반복은 지루한 게 아니라, 리듬이 되고 스타일이 돼요! 같은 이미지를 일정한 간격으로 반복하면 디자인에 질서와 재미가 생기죠. 패턴은 보기 좋은 규칙을 만들고, 작은 반복만으로도 강한 인상을 줄 수 있어요. 이게 바로 패턴 디자인의 매력이에요.

Step 1 슬라이드에 삽입된 이미지로 배경 패턴을 만들어요!

❶ [17일차]-'디저트모핑' 파일 불러오기
❷ 첫 번째 슬라이드에 삽입된 이미지를 복사(Ctrl+C)

❸ [배경 서식] 클릭

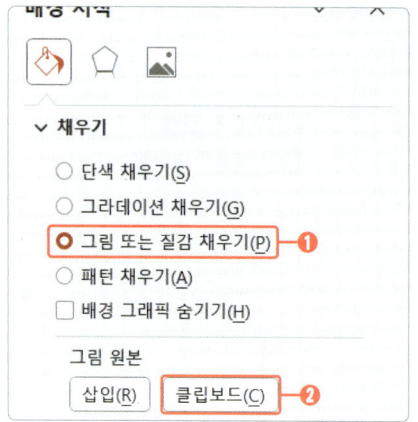
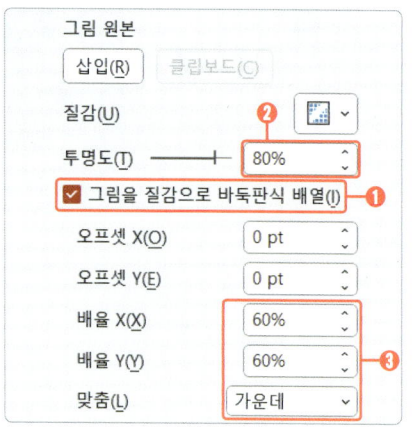

❹ [그림 또는 질감 채우기]를 선택한 후 <클립보드> 클릭
❺ 바둑판식 배열에 체크 후 옵션을 변경
❻ 그림이 배경 패턴으로 적용된 것을 확인

❼ 동일한 방법으로 나머지 슬라이드의 배경을 해당 이미지의 패턴으로 적용하기

Tip
바둑판식 배열

'그림을 질감으로 바둑판식 배열'에 체크한 후 각 슬라이드마다 X-Y 배율을 다르게 지정해 보세요. 다양한 크기의 패턴을 활용하면 더 흥미로운 디자인이 완성될 거예요!

Step 2 이미지를 도형으로 변환해요!

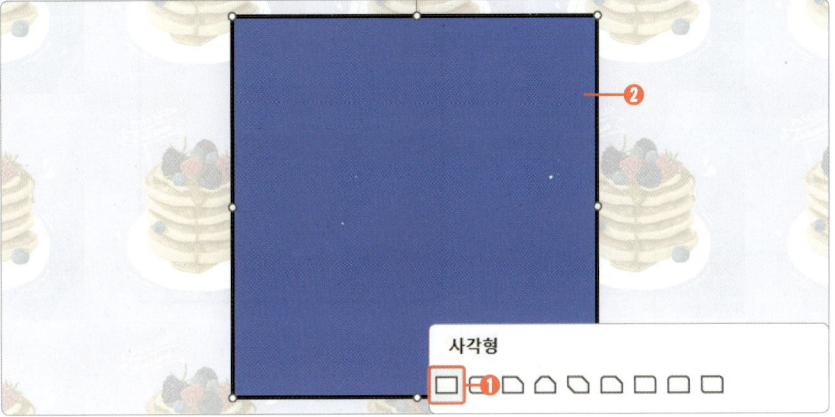

❶ 첫 번째 슬라이드에 삽입된 이미지를 복사(Ctrl+C)

❷ [사각형]-[직사각형] 도형을 선택
❸ 삽입된 그림 크기에 맞추어 도형을 삽입

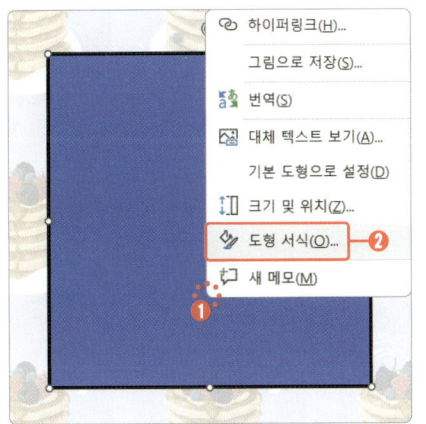
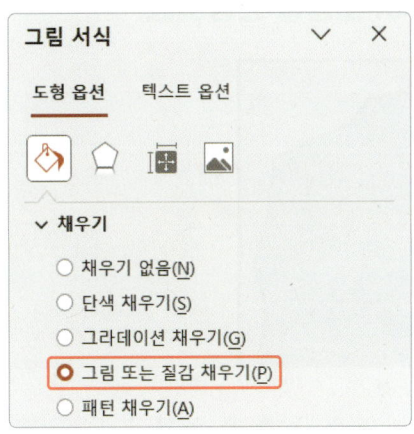
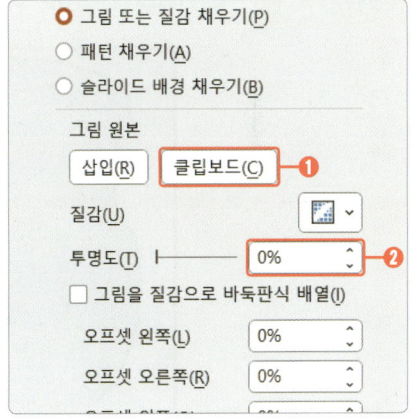

❹ [도형 서식] 클릭

❺ [그림 또는 질감 채우기]를 선택

❻ <클립보드>를 선택한 다음 투명도를 0%로 지정

❼ 도형을 [맨 뒤로 보내기]

❽ 기존에 배치되었던 이미지 삭제 (Delete)

❾ 그림이 채워진 직사각형 도형만 남기기

17 구겨지는 디저트 모핑 영상

> Tip
> **그림을 도형으로 변환하기**
> 모핑 효과는 도형일 때 더 자연스럽고 다양하게 표현돼요. 도형은 선과 면의 구조를 인식해서 점진적으로 변형되기 때문에, 단순한 그림보다 훨씬 풍부한 전환이 가능하답니다.

❿ 동일한 방법으로 나머지 슬라이드의 이미지를 도형으로 변환
⓫ 그림이 채워진 직사각형 도형만 남기고 기존 이미지를 삭제

Step 3 디저트 모양에 맞추어 도형을 변형해요!

> Tip
> **이렇게 작업해요!**
> 그림 주변을 따라 클릭하면서 선을 그려보세요. 촘촘하게 작업하는 것보다 조금 여유있게 여백을 설정하면 더 멋진 작품이 완성될 거예요! 작업 중 Delete 를 누르면 경로를 한 단계 취소할 수 있어요.

❶ [선]-[자유형: 도형] 선택
❷ 삽입된 그림 주변 여백 모양에 맞추어 도형 삽입

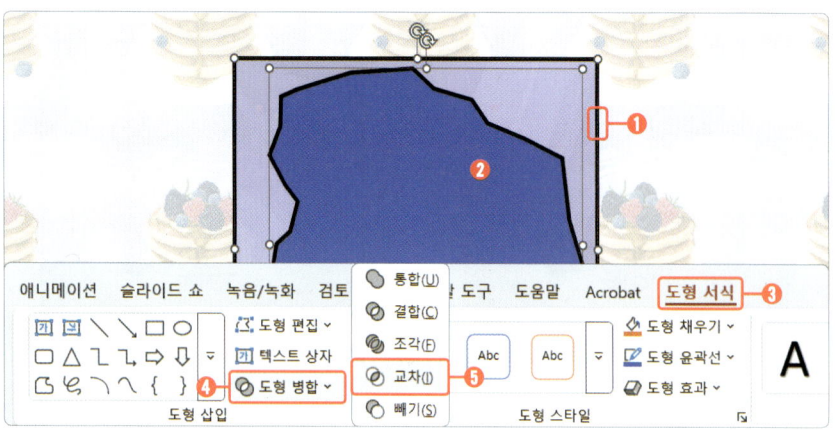

❸ 사각형 도형을 선택한 후 Shift 를 누른 채 앞쪽 도형 클릭
❹ [도형 병합]-[교차]를 클릭

❺ 작업된 모양을 확인

❻ [도형 윤곽선]에서 색상과 스케치 종류를 자유롭게 지정

❼ 동일한 방법으로 나머지 슬라이드의 도형 모양을 변형

❽ 도형의 윤곽선 서식을 변경

Step 4 첫 번째 슬라이드의 텍스트와 그림에 애니메이션을 적용해요!

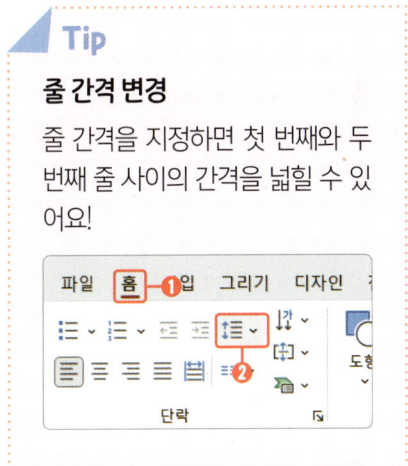

Tip

줄 간격 변경

줄 간격을 지정하면 첫 번째와 두 번째 줄 사이의 간격을 넓힐 수 있어요!

❶ 이미지의 크기 및 위치를 변경
❷ [텍스트 상자]를 이용해 문구 입력 후 글꼴 서식 변경

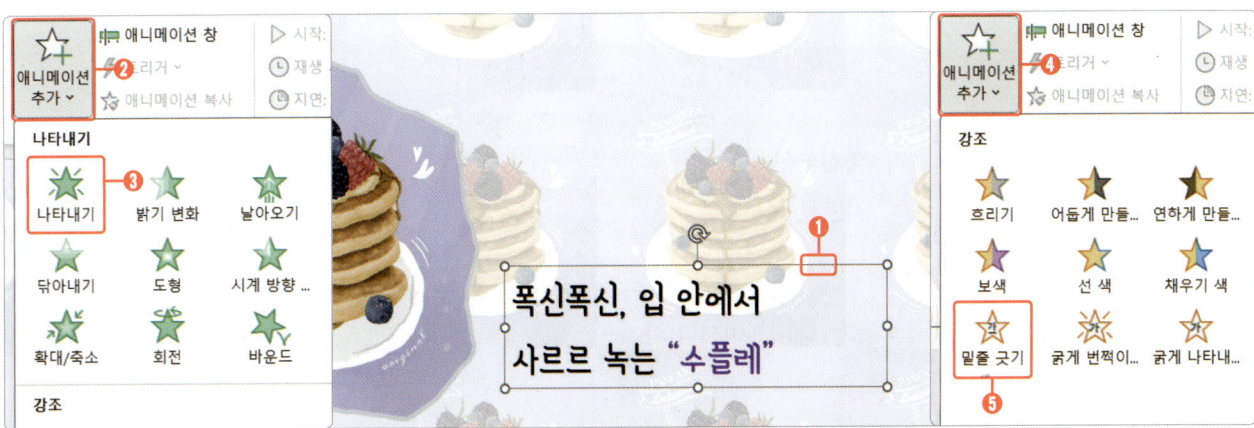

❸ 작업된 텍스트 상자의 테두리 선택
❹ [나타내기]-[나타내기] 애니메이션과 [강조]-[밑줄 긋기] 애니메이션을 각각 추가

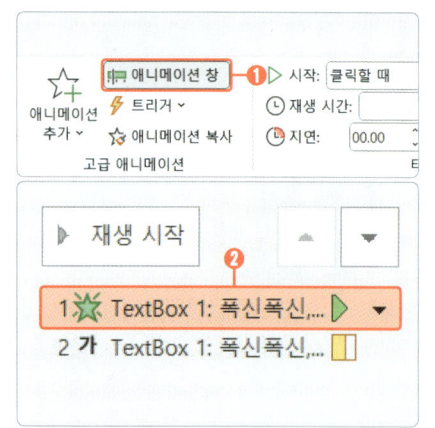
❺ [애니메이션 창] 클릭
❻ 나타내기 애니메이션 더블클릭

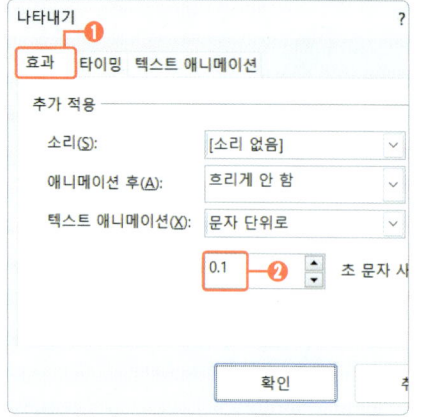
❼ [효과] 탭에서 옵션 변경

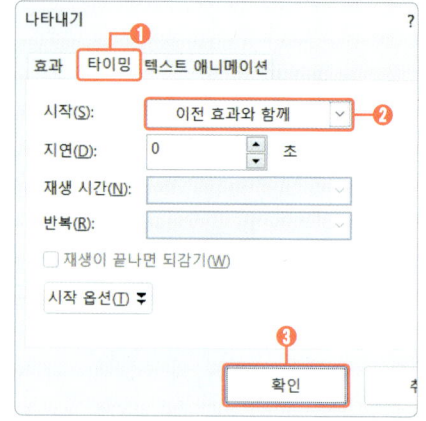
❽ [타이밍] 탭에서 옵션 변경

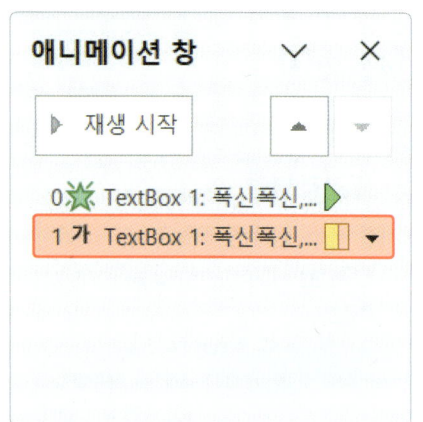
❾ 강조 애니메이션 더블클릭

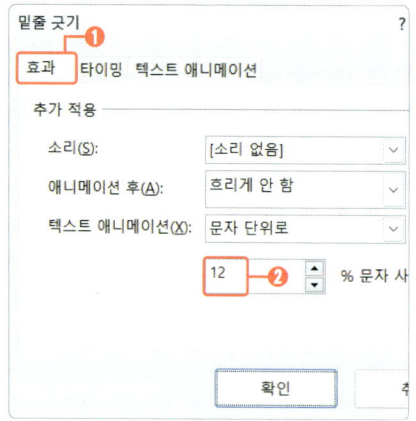
❿ [효과] 탭에서 옵션 변경

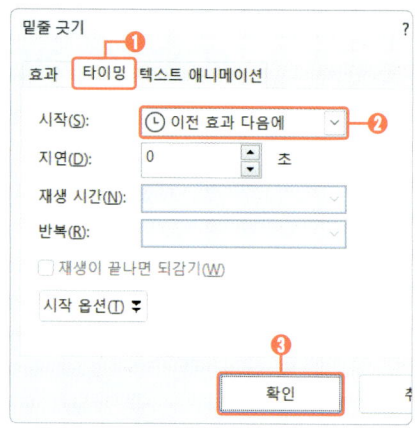
⓫ [타이밍] 탭에서 옵션 변경

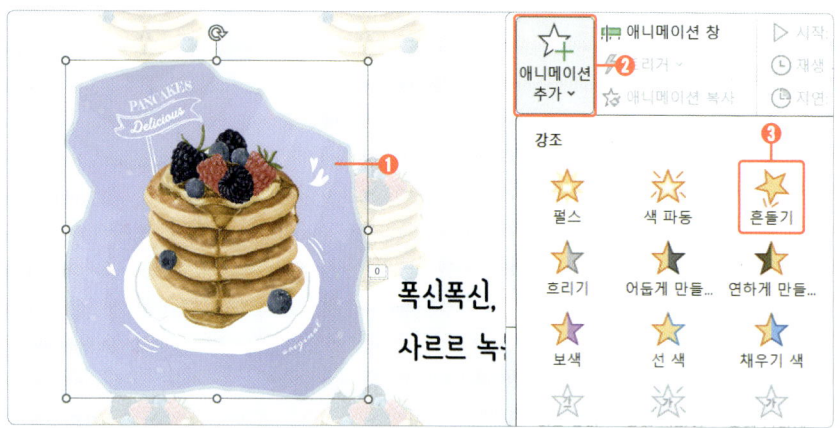
⓬ 삽입된 그림 선택 후 [강조]-[흔들기] 애니메이션 추가

⓭ 해당 애니메이션의 시작을 '이전 효과 다음에'로 변경

Step 5 : 텍스트 상자를 복사하여 내용을 입력해요!

> **Tip**
>
> **애니메이션 확인하기**
>
> F5를 눌러 슬라이드 쇼가 진행되면 아래와 같은 순서로 애니메이션이 진행되는 것을 확인해 보세요.
>
> 1 텍스트가 한 글자씩 표시
> 2 텍스트에 밑줄 긋기
> 3 베이커리 이미지 흔들림 효과

❶ 첫 번째 슬라이드에 작업된 텍스트를 복사(Ctrl+C)

❷ 두 번째 슬라이드에 붙여넣기 (Ctrl+V)

> **Tip**
>
> **애니메이션 호환**
>
> 애니메이션이 설정된 텍스트 상자를 복사하면, 글꼴 서식은 물론 적용된 애니메이션 효과까지 그대로 복사돼요. F5를 눌러 확인해 보세요!

❸ 텍스트를 수정하고 그림과 텍스트 위치를 변경

❹ 동일한 방법으로 나머지 슬라이드의 텍스트를 수정

Step 6 그림에 적용된 애니메이션을 복사해요!

❶ 첫 번째 슬라이드의 그림을 선택 후 애니메이션 복사(Alt + Shift + C)

❷ 두 번째 슬라이드로 이동
❸ 마우스 포인터가 모양일 때 그림을 선택하여 애니메이션 적용

> **Tip**
>
> **애니메이션 복사**
>
> 애니메이션이 적용된 개체를 선택한 후 Alt + Shift + C를 누르면 마우스 포인터가 모양으로 변경돼요. 이 상태에서 복사하려는 개체를 클릭하면 동일한 애니메이션 효과가 적용될 거예요!

❹ 세 번째 슬라이드의 그림을 선택하여 애니메이션 적용

❺ 네 번째 슬라이드의 그림을 선택하여 애니메이션 적용

Step 7 모든 슬라이드에 모핑 효과를 적용해요!

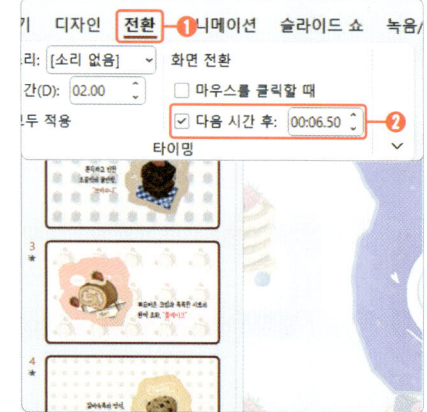

❶ 모든 슬라이드에 모핑 전환 효과를 지정

❷ 각 슬라이드에 자동 화면 전환 시간을 지정

110

Design 플러스 도형 안의 그림을 새로운 도형과 병합 교차하여 타임랩스 영상을 만들어 보세요!

실습 및 완성 : [17일차]-[연습문제]

작성 조건

❶ [삽입]-[도형]에서 [선]-[자유형: 도형]을 이용하여 이미지 주변에 도형 삽입

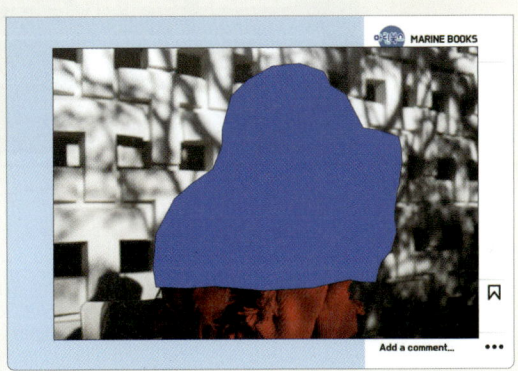

❷ 뒤쪽 이미지 선택 후 앞쪽 도형 클릭 → [도형 병합]-[교차]

❸ 도형의 테두리 서식 변경
❹ 같은 방법으로 나머지 슬라이드의 이미지를 작업
❺ 모든 슬라이드를 선택하여 [전환]-[모핑] 효과를 적용

17 구겨지는 디저트 모핑 영상　111

#선 #화살표유형 #도형병합(빼기) #텍스트균등분할 #비디오삽입

18 일차 예능 오프닝 애니메이션

오늘의 디자인 | 도형을 활용해 이미지를 트레이싱하고, '도형 병합(빼기)' 기능으로 타이틀 부분을 오려낸 후 뒤쪽에 화려한 동영상을 배치해 오프닝 애니메이션을 만들어 보세요!

실습 및 완성 : [18일차] 폴더

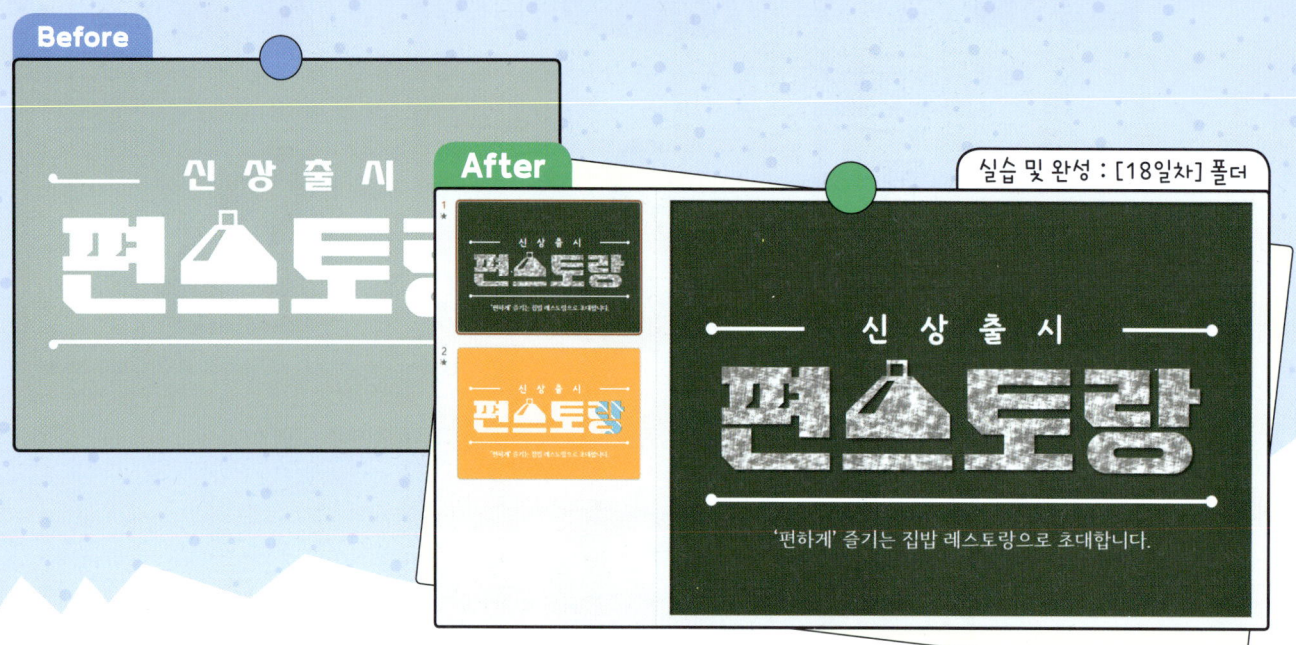

잘 읽히는 게 먼저, 가독성!

가독성이란, 글자가 얼마나 잘 보이고 쉽게 읽히는지를 말해요. 글꼴, 크기, 자간뿐만 아니라 '색상'도 가독성에 큰 영향을 줘요. 글자가 아무리 멋져도 배경과 색상 대비가 약하면 눈에 잘 들어오지 않아요. 즉, 색의 선택은 가독성을 결정짓는 중요한 요소랍니다!

▲ 가독성이 낮은 디자인   ▲ 가독성이 높은 디자인

Step 1 선 도구와 둥근 사각형을 이용해 글자를 만들어요!

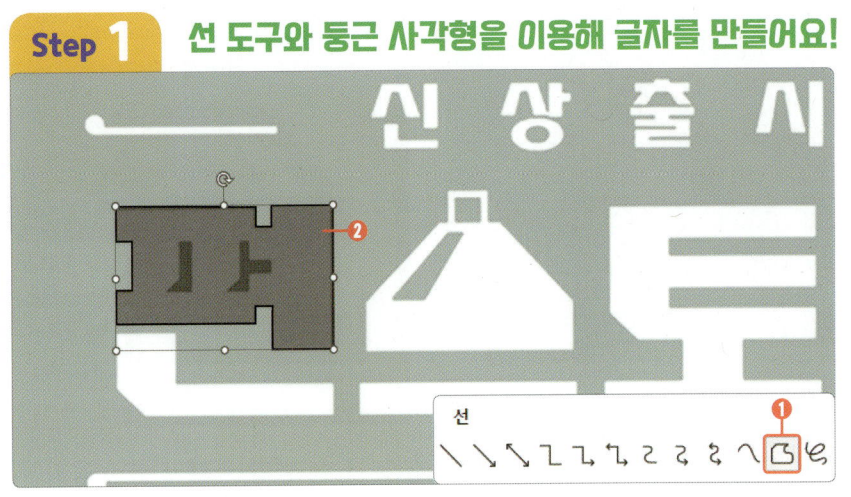

> **Tip**
> **이렇게 작업해요!**
> • 화면의 비율을 확대 후 작업하기
> • Shift 를 누르면서 선을 반듯하게 그리기
> • 선을 잘못 그렸다면 Back Space 를 눌러 이전 단계로 되돌리기

❶ [18일차]-'편스토랑' 파일 불러오기
❷ [선]-[자유형: 도형]을 이용하여 '펴'의 바깥쪽 라인을 그리기

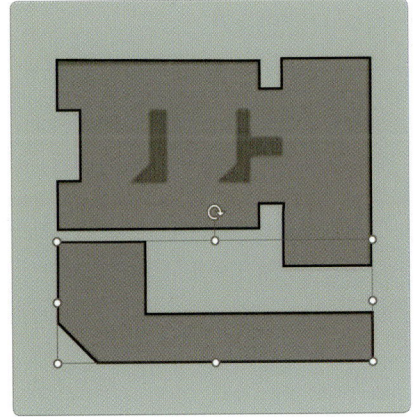
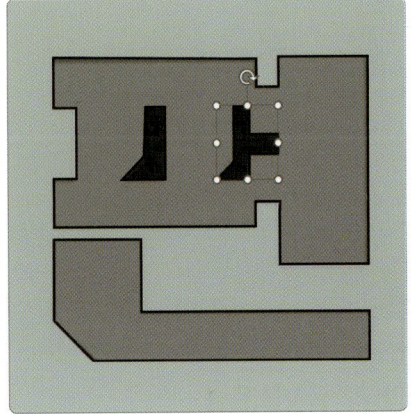
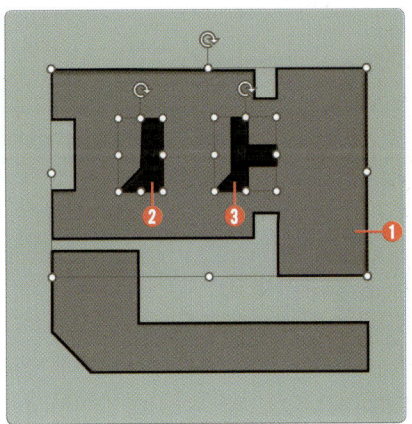

❸ 동일한 방법으로 'ㄴ'의 라인을 따라 도형 삽입
❹ 중간에 파인 부분에도 같은 도형을 삽입
❺ '펴'를 클릭한 다음 파인 부분을 각각 선택

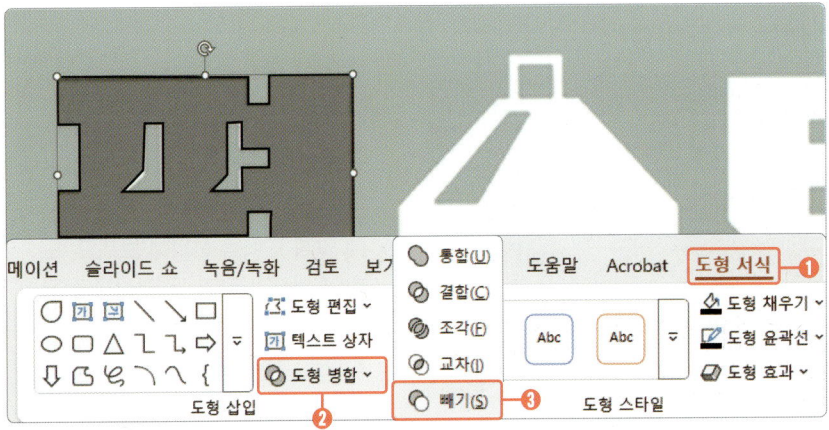
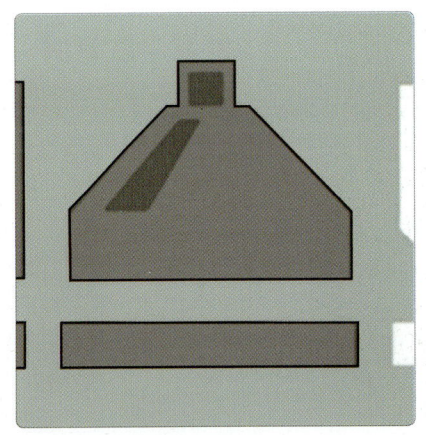

❻ [도형 병합]-[빼기]를 이용하여 모양 편집
❼ '스' 라인을 따라 [선]-[자유형: 도형]을 삽입

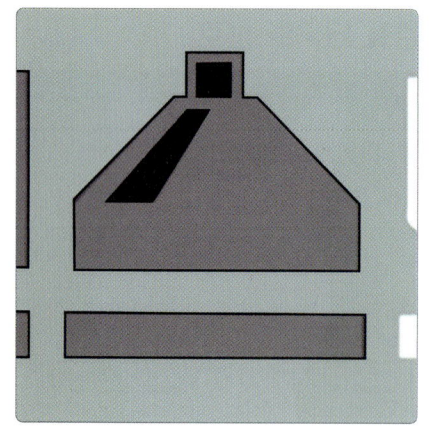
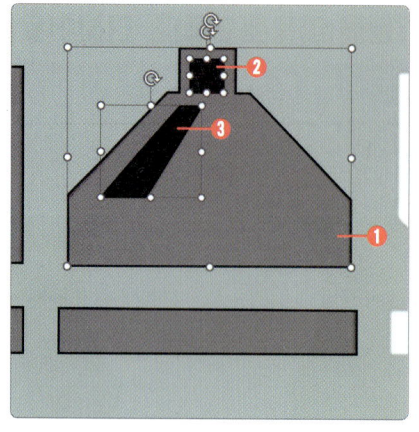
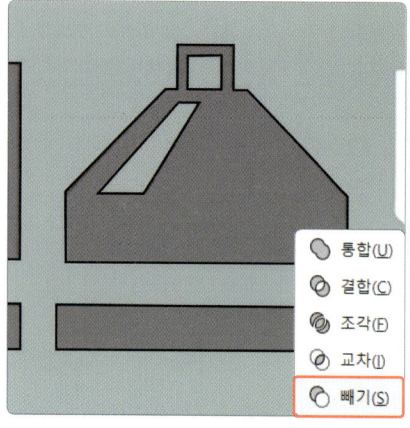

⑧ 중간에 파인 부분에도 같은 도형을 삽입

⑨ 'ㅅ'을 클릭한 다음 파인 부분을 각각 선택

⑩ [도형 병합]-[빼기]를 이용하여 모양 편집

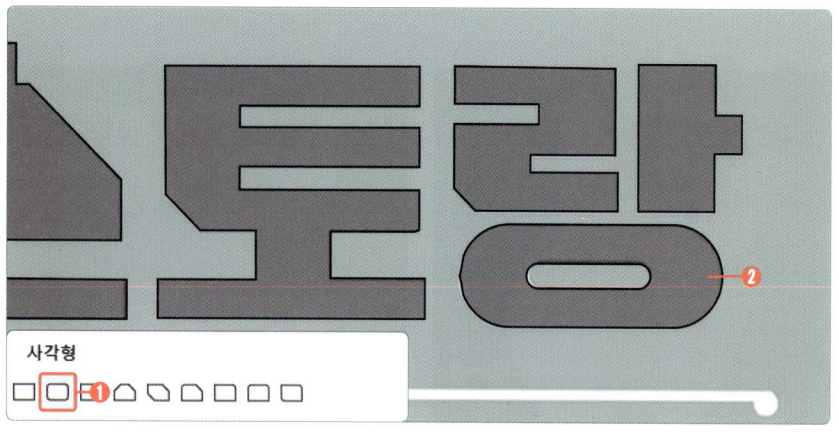

Tip
'ㅇ' 모양 만들기

[사각형: 둥근 모서리] 도형을 삽입한 후 주변에 표시된 ⊙로 모양을 둥글게 만들 수 있어요!

⑪ [선]-[자유형: 도형]을 삽입하여 '토'와 '라' 글자를 완성
⑫ [사각형]-[사각형: 둥근 모서리]를 삽입한 후 [도형 병합]-[빼기]를 이용하여 'ㅇ' 받침 완성

Step 2 선 도구를 넣어 구분선을 만들어요!

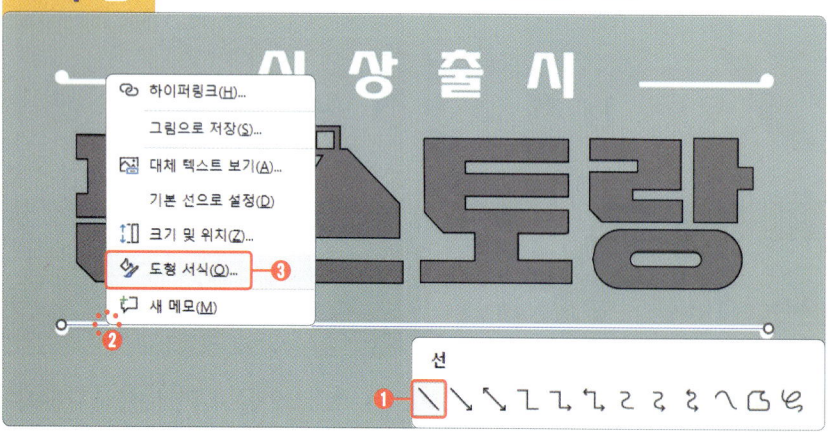

Tip
구분선 작업하기

'편스토랑' 글자 아래에 있는 긴 선에 맞춰 도형을 삽입해 보세요. 도형의 색상과 굵기 등 서식을 설정한 뒤, 복사하여 위쪽에도 같은 방식으로 구분선을 만들어 줍니다.

❶ Shift를 누른 채 [선]-[선] 도형을 삽입
❷ 삽입된 선 위에서 우클릭하여 [도형 서식] 클릭

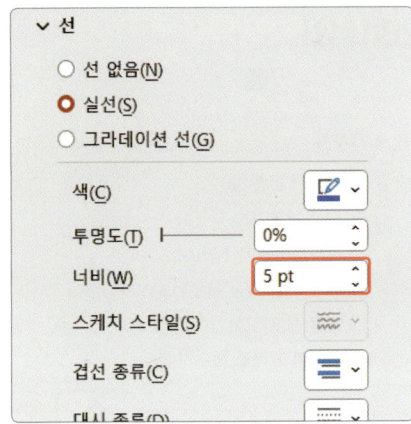
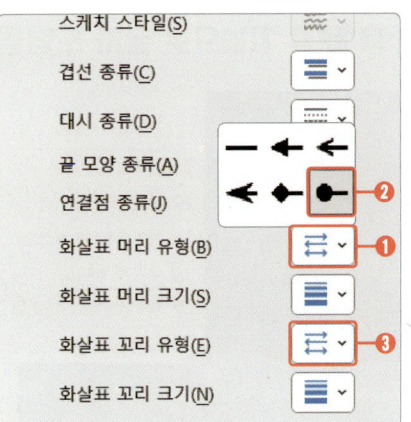
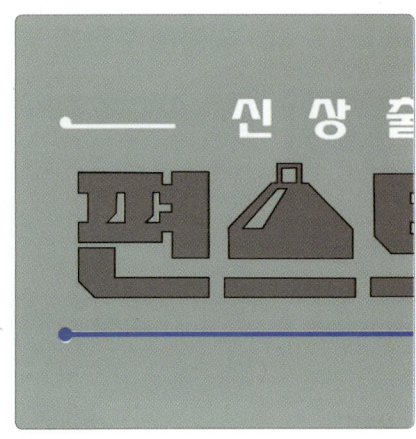

❸ 선의 너비를 5pt로 지정

❹ 화살표 머리 유형과 꼬리 유형을 원형으로 변경

❺ 선의 양쪽 끝이 원형으로 변경된 것을 확인

❻ Ctrl + Shift 를 누른 채 위쪽으로 드래그하여 복사
❼ 선의 길이를 조절한 후 화살표 유형을 직선으로 변경

> **Tip**
>
> **화살표 유형 정하기**
>
> 만약 선의 왼쪽 방향에만 원형을 표시하기 위해서는 '화살표 머리 유형'을 '원형'으로, '화살표 꼬리 유형'을 '직선'으로 지정합니다.

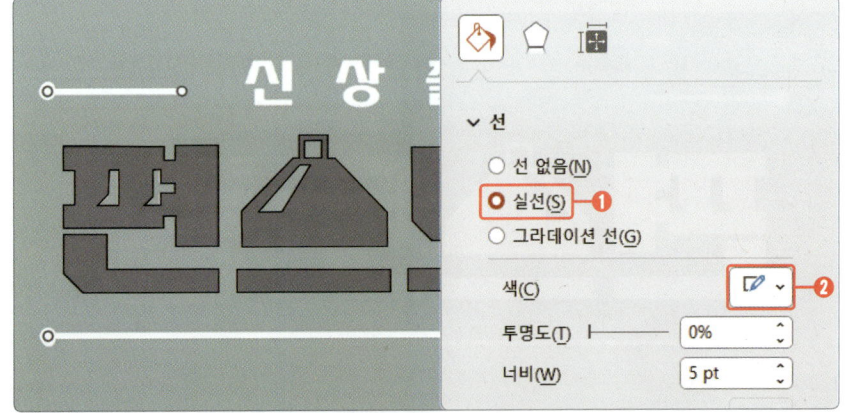

❽ Shift 를 누른 채 작업된 구분선을 모두 선택
❾ 선 색을 흰색으로 지정

Step 3 뒤쪽에 도형을 넣은 후 빼기 기능으로 글자 도형을 오려내요!

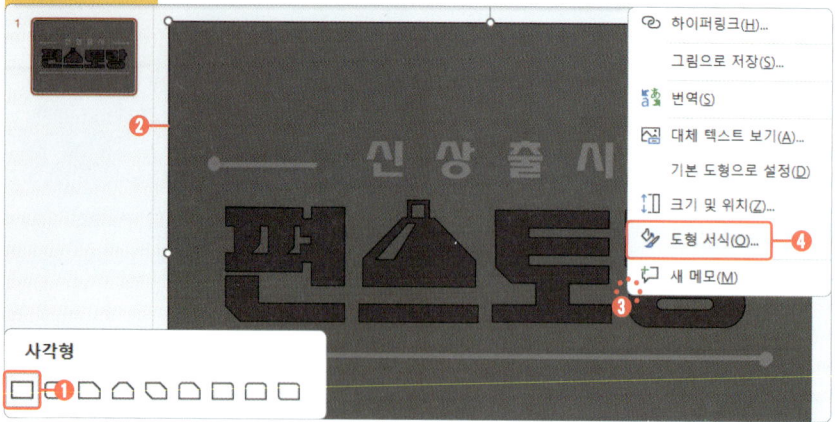

❶ [사각형]-[직사각형] 도형을 슬라이드 크기에 맞추어 삽입
❷ 도형 위에서 우클릭하여 [도형 서식] 클릭

❸ 도형의 색상을 변경하고 투명도를 0%로 지정

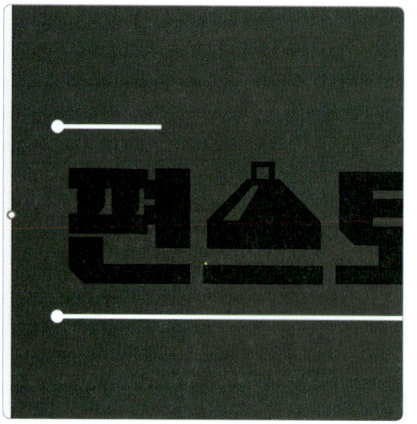

❹ 도형을 [맨 뒤로 보내기]

❺ 뒤쪽 도형을 선택한 후 Shift 를 눌러 글자 도형 각각 클릭

❻ [도형 병합]-[빼기]를 선택하여 글자 도형 부분을 오려내기

Tip
작업 시 유의해요!

[빼기] 작업을 할 때는 기준이 되는 개체를 먼저 선택해야 해요. 뒤쪽에 배치된 큰 직사각형 도형을 먼저 선택한 다음, 글자 도형들을 차례로 클릭하고 [도형 병합]-[빼기]를 적용하면 글자가 파이게 됩니다.

Step 4 필요한 텍스트를 입력해요!

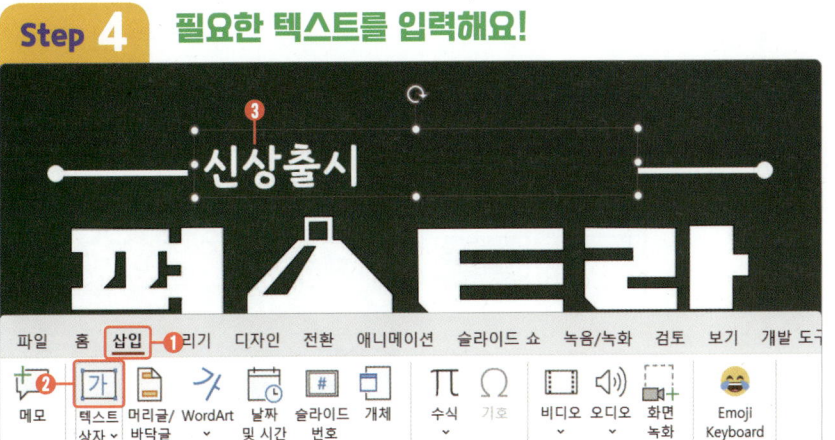

❶ [텍스트 상자]를 클릭한 후 드래그하여 추가
❷ 텍스트를 입력한 다음 글꼴과 크기, 색상을 변경

> **Tip**
>
> **텍스트 상자 삽입하기**
>
> 도형 위에 텍스트 상자를 삽입할 때는 반드시 드래그해서 넣어주세요. 클릭만 하면 뒤쪽 도형에 글자가 입력될 수 있어요. 드래그로 텍스트 상자를 만든 다음, 그 안에 내용을 입력해야 합니다.

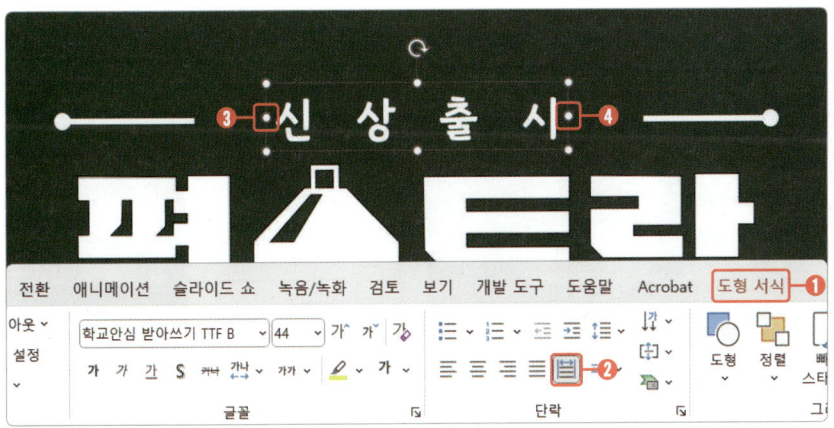

❸ 텍스트 정렬 방식을 [균등 분할]로 지정
❹ 텍스트 상자의 가로 크기를 조절하여 글자 배치

> **Tip**
>
> **텍스트 균등 분할**
>
> '균등 분할'은 텍스트 상자의 전체 너비에 맞춰 글자 간격을 일정하게 넓혀 정렬하는 방식이에요. 긴 문장보다 짧은 단어나 문장을 균등하게 배치할 때 효과적으로 사용할 수 있어요!

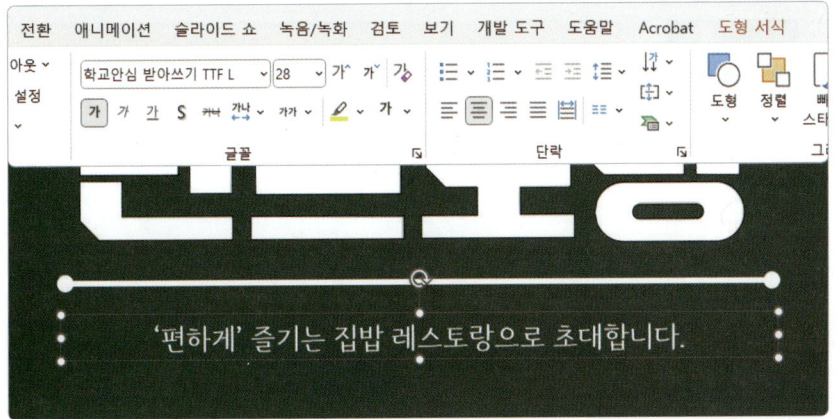

❺ 텍스트 상자를 복사한 후 정렬 방식을 [가운데 맞춤]으로 지정
❻ 내용을 수정하고 글꼴 및 글자 크기를 변경

> **Tip**
>
> **텍스트 상자 작업하기**
>
> Ctrl + Shift 를 누른 채 아래쪽으로 드래그하면 작업된 텍스트 상자를 복사할 수 있어요. 원하는 내용을 입력하고 텍스트의 서식도 자유롭게 지정해 보세요.

Step 5 동영상을 글자 뒤쪽에 삽입해요!

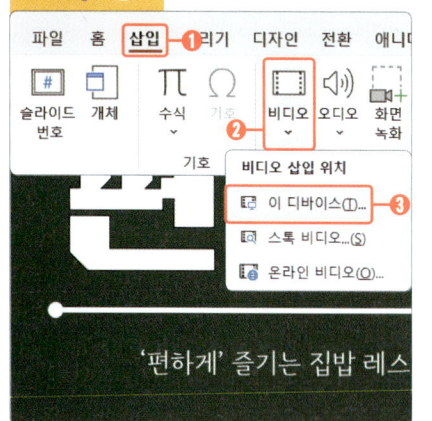

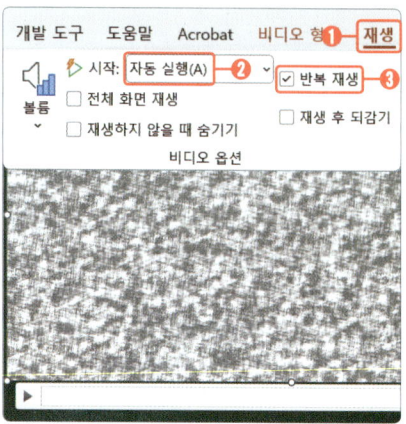

❶ [비디오]-[이 디바이스] 클릭
❷ [18일차]에서 원하는 비디오 동영상을 <삽입>
❸ 동영상 재생 옵션을 변경

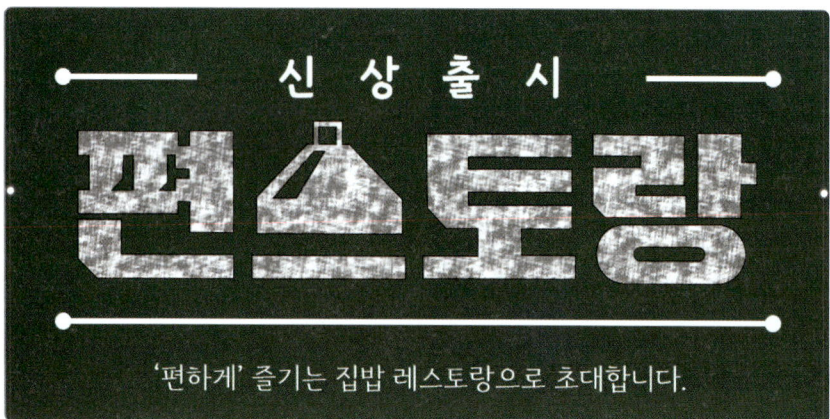
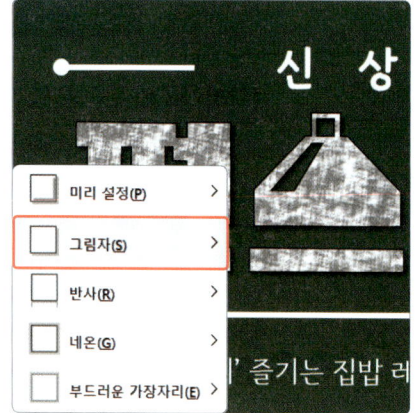

❹ 동영상을 [맨 뒤로 보내기]하여 글자 뒤쪽으로 이동
❺ 뒤쪽에 배치된 직사각형 도형에 원하는 그림자 효과 적용

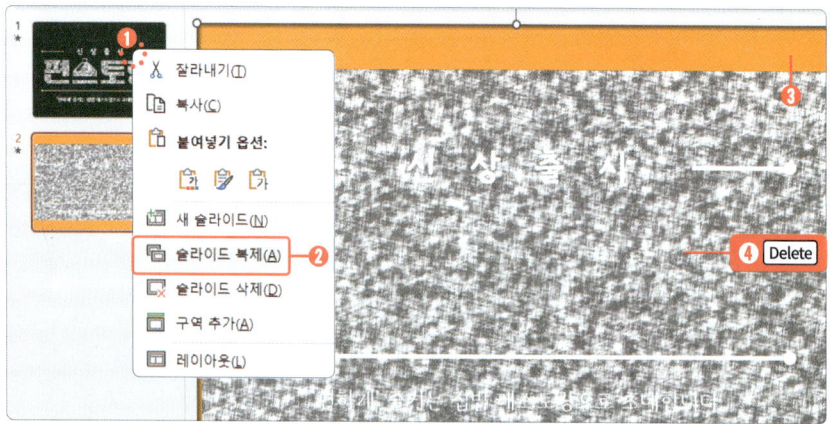

❻ 도형의 윤곽선을 '윤곽선 없음'으로 지정
❼ 슬라이드를 복제한 후 두 번째 슬라이드의 직사각형 도형 색상을 변경
❽ 도형을 [맨 뒤로 보내기] 작업 후 동영상을 삭제

 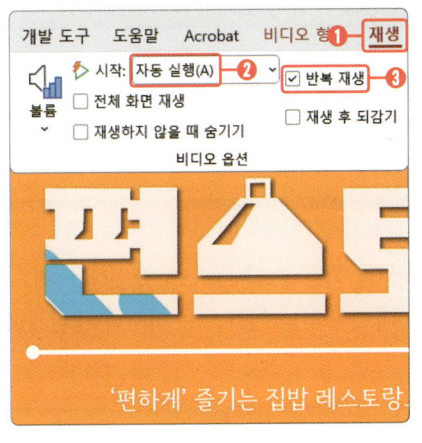

> **Tip**
> 슬라이드 쇼 실행
> - F5 : 첫 번째 슬라이드부터 슬라이드 쇼 시작
> - Shift + F5 : 선택된 슬라이드부터 슬라이드 쇼 시작

❾ [18일차]에서 원하는 비디오 동영상을 <삽입>

❿ 동영상 재생 옵션 변경 후 [맨 뒤로 보내기]

완성된 작품을 동영상 파일로 저장해 보세요!

실습 및 완성 : [18일차]-[연습문제]

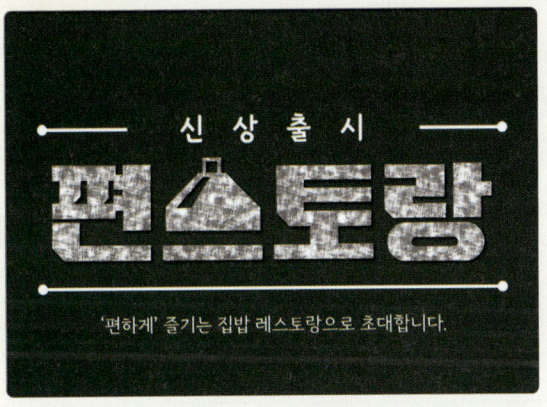 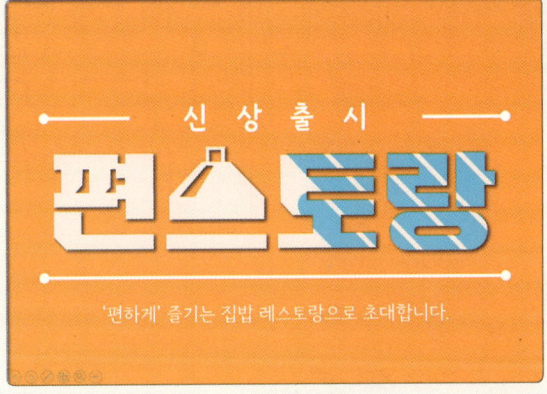

작성조건

❶ [파일]-[내보내기]-[비디오 만들기]를 클릭

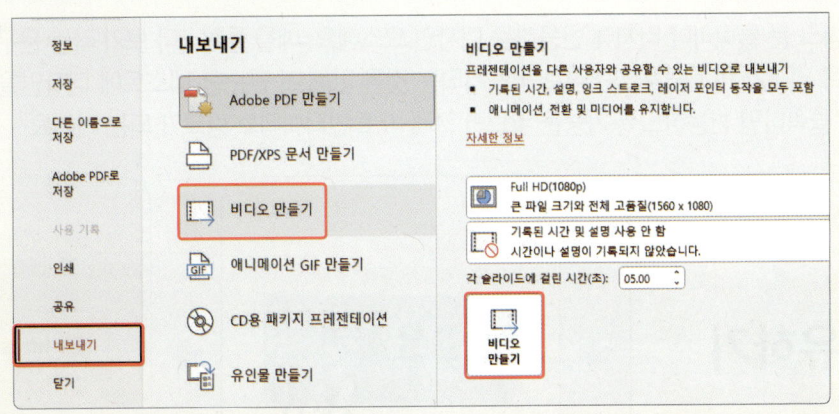

❷ 원하는 경로에 비디오(동영상)를 저장

18 예능 오프닝 애니메이션

#애니메이션 #하이퍼링크 #실행링크 #쇼보기형식

19일차 레벨업! 미로 찾기

오늘의 디자인 | 이미지에 애니메이션을 적용해 로딩바처럼 표현해 보세요. 각 개체에 링크를 설정한 다음 슬라이드 쇼 보기 형식을 '대화형 자동 진행'으로 바꾸면 게임처럼 작동하는 슬라이드를 만들 수 있어요!

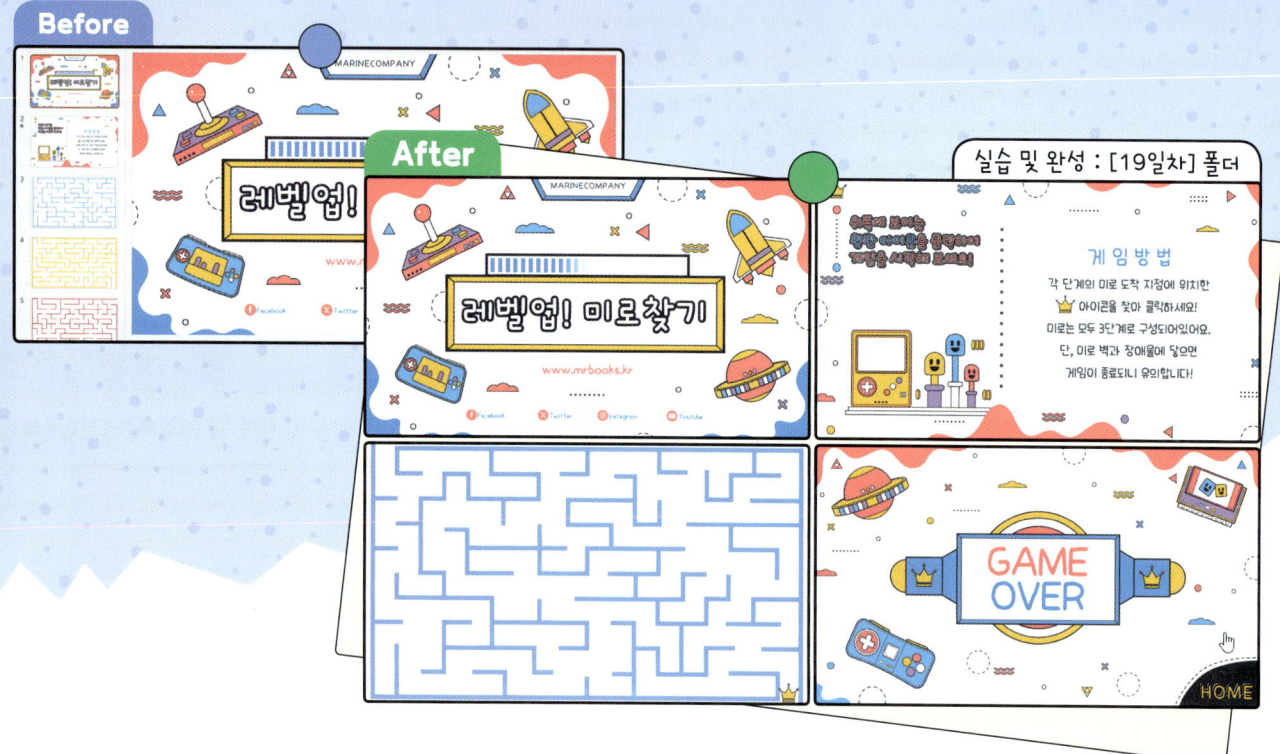

실습 및 완성 : [19일차] 폴더

 **빠삭 Design** | 인터랙티브 링크

인터랙티브 링크 는 클릭이나 터치에 반응하는 디자인 요소예요. 예를 들어, '더 보기'라는 문구를 클릭했을 때 새로운 페이지로 넘어가거나 숨겨졌던 정보가 표시되는 것을 말해요! 단순한 텍스트에 디자인을 더해 버튼처럼 보이게 만들고, 클릭하면 반응하도록 기능을 넣으면 그게 바로 인터랙티브 링크가 되는 거예요.

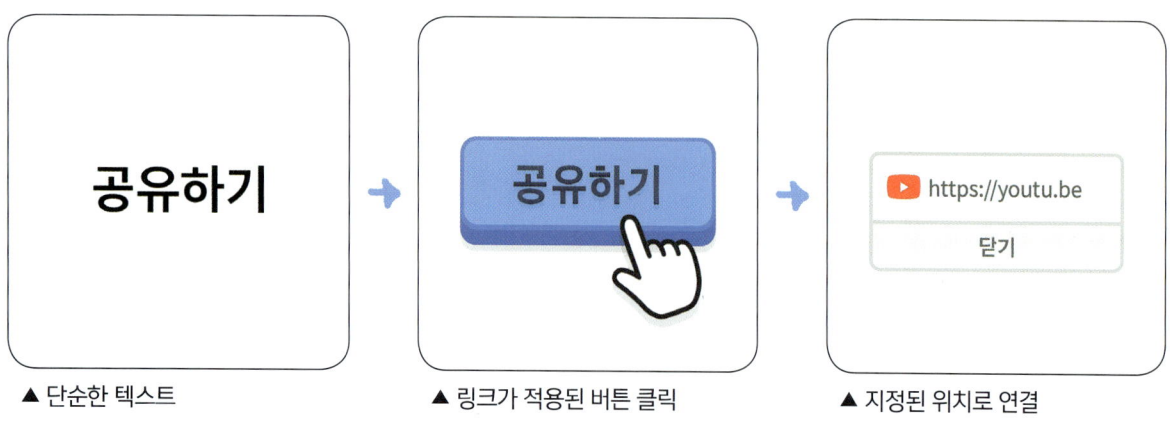

▲ 단순한 텍스트 　　▲ 링크가 적용된 버튼 클릭 　　▲ 지정된 위치로 연결

Step 1 로딩 막대가 흐르는 애니메이션을 적용해요!

❶ [19일차]-'미로찾기' 파일을 불러온 후 로딩바 이미지 선택
❷ [애니메이션]-[닦아내기] 적용한 다음 [방향-왼쪽에서] 지정

❸ 시작(이전 효과와 함께), 재생 시간(6초) 지정

Step 2 왕관 모양에 하이퍼링크를 적용해요!

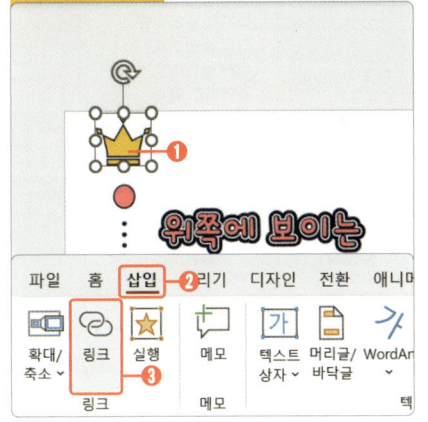
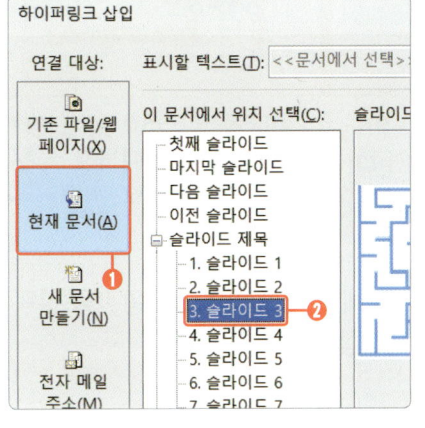

❶ 두 번째 슬라이드의 왕관 선택 후 [삽입]-[링크] 클릭
❷ [현재 문서]에서 슬라이드 3을 선택 후 <확인>

Tip
하이퍼링크 적용

두 번째 슬라이드의 왕관 모양을 클릭하면, 세 번째 슬라이드로 이동하는 하이퍼링크를 적용했어요. F5를 눌러 슬라이드 쇼가 실행되면, 왕관 위에 마우스를 올렸을 때 마우스 포인터가 👆 모양으로 표시될 거예요.

❸ 왕관 모양을 복사(Ctrl+C)
❹ 세 번째 슬라이드 우측 하단에 붙여넣기(Ctrl+V)

Tip
작업에 유의해요!

왕관의 크기와 위치를 교재와 동일하게 작업하며, 미로가 움직이지 않도록 주의합니다.

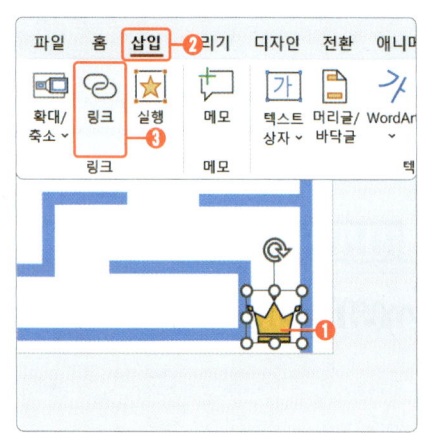 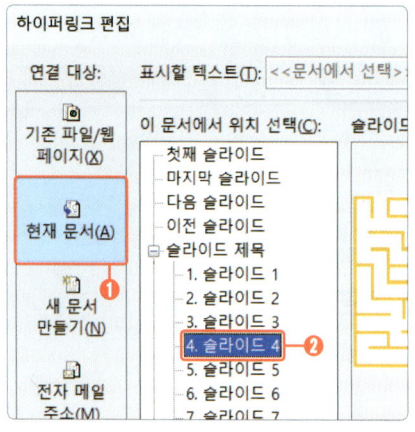 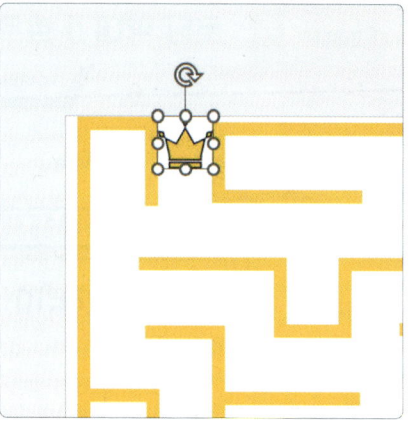

❺ 세 번째 슬라이드의 왕관을 선택 후 [삽입]-[링크] 클릭

❻ [현재 문서]에서 슬라이드 4를 선택 후 <확인>

❼ 왕관을 네 번째 슬라이드 좌측 상단에 붙여넣기(Ctrl+V)

> **Tip**
>
> **왕관의 위치**
> - 파란색 미로 : 오른쪽 아래
> - 노란색 미로 : 왼쪽 위
> - 빨간색 미로 : 오른쪽 위

 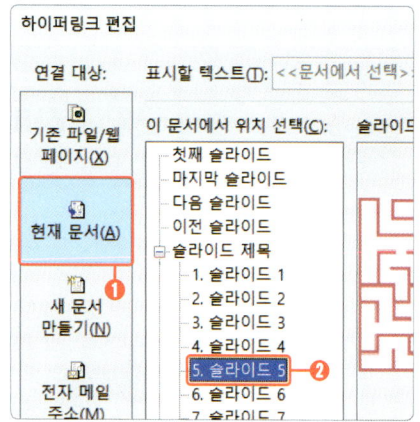

❽ 네 번째 슬라이드의 왕관을 선택 후 [삽입]-[링크] 클릭

❾ [현재 문서]에서 슬라이드 5를 선택 후 <확인>

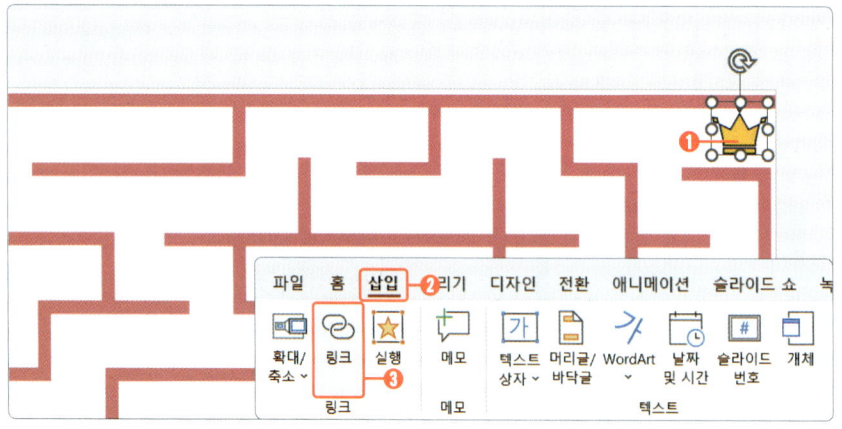 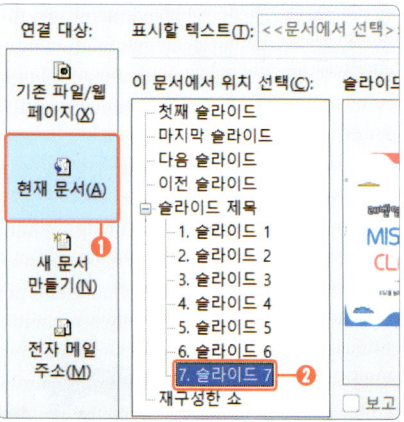

❿ 다섯 번째 슬라이드 우측 상단에 왕관을 붙여넣기(Ctrl+V)
⓫ [삽입]-[링크] 클릭

⓬ [현재 문서]에서 슬라이드 7을 선택 후 <확인>

Step 3 미로 벽에 실행 링크를 적용해요!

❶ 세 번째 슬라이드의 파란색 미로를 선택한 후 [삽입]-[실행] 클릭

Tip
미로에 링크 적용하기
파란색 미로 선을 장애물처럼 작동하게 하기 위해 실행 링크를 설정해 보세요. 마우스가 미로 선에 닿았을 때 슬라이드 6(GAME OVER)으로 이동하도록 연결하는 작업이에요.

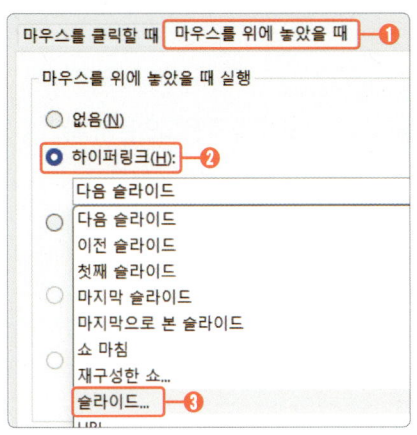

❷ [마우스를 위에 놓았을 때]-[하이퍼링크(슬라이드)] 클릭

❸ [슬라이드 6] 선택 후 <확인>

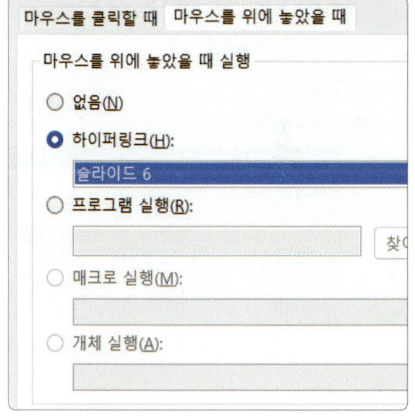

❹ [하이퍼링크(슬라이드6)] 지정 후 <확인>

❺ 네 번째 슬라이드의 노란색 미로를 선택한 후 [삽입]-[실행] 클릭

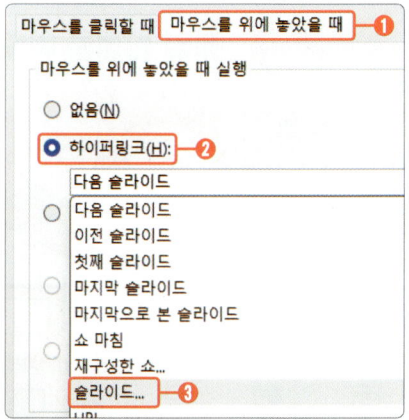

❻ [마우스를 위에 놓았을 때]-[하이퍼링크(슬라이드)] 클릭

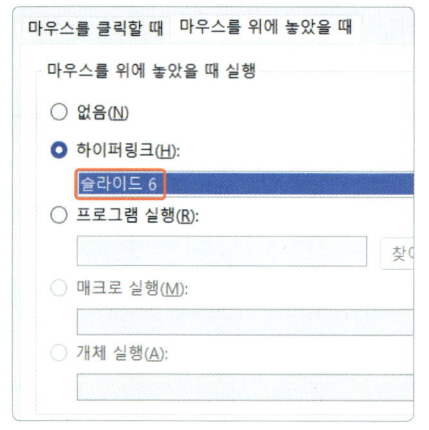

❼ [하이퍼링크(슬라이드6)] 지정 후 <확인>

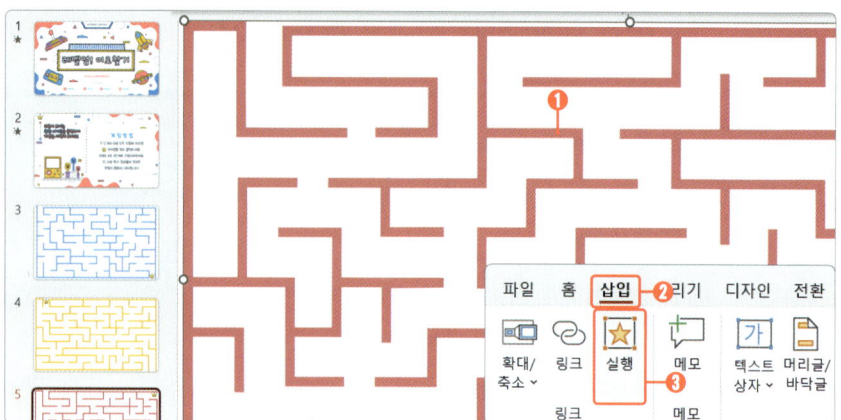

❽ 다섯 번째 슬라이드의 빨간색 미로를 선택한 후 [삽입]-[실행] 클릭

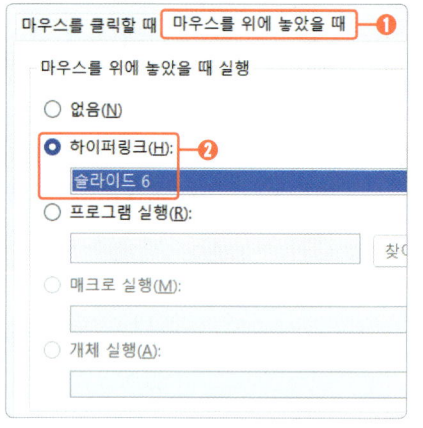

❾ [마우스를 위에 놓았을 때]-[하이퍼링크(슬라이드 6)] 지정

> **Tip**
>
> **적용된 링크 확인하기**
>
> F5를 눌러 슬라이드 쇼가 실행되면 각 슬라이드의 링크가 적용되었는지 확인할 수 있어요.
> - 슬라이드 2 : 상단의 왕관을 클릭했을 때 파란색 미로로 이동
> - 슬라이드 3 : 하단의 왕관을 클릭했을 때 노란색 미로로 이동
> - 슬라이드 4 : 상단의 왕관을 클릭했을 때 빨간색 미로로 이동
> - 슬라이드 5 : 상단의 왕관을 클릭했을 때 MISSION CLEAR로 이동
> - 슬라이드 3 ~ 5 : 각 미로 벽에 닿았을 때 GAME OVER로 이동

Step 4 게임 진행을 위해 쇼 보기 형식을 변경해요!

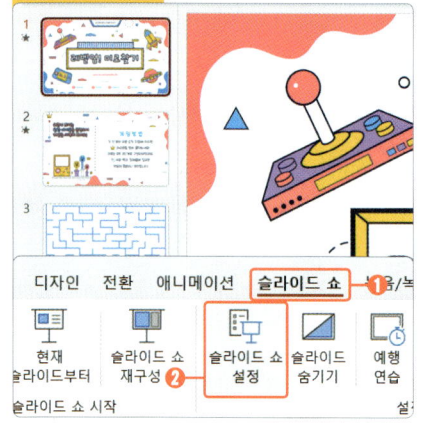

❶ [슬라이드 쇼]-[슬라이드 쇼 설정] 클릭

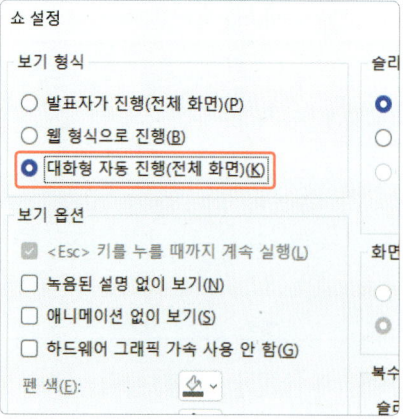

❷ 보기 형식을 [대화형 자동 진행]으로 지정 후 <확인>

> **Tip**
>
> **대화형 자동 진행**
>
> 쇼 보기 형식을 대화형 자동 진행으로 설정할 경우, 키보드나 마우스 클릭으로는 슬라이드가 자동으로 넘어가지 않아요. 오직 링크가 적용된 개체를 클릭해야만 이동할 수 있기 때문에 게임 제작에 적절한 방식이지요!

> **Tip**
>
> **ppsx 파일 형식으로 저장하기**
>
> [파일] 탭에서 [다른 이름으로 저장]을 클릭한 후 'PowerPoint 쇼 (.ppsx)'로 저장하면 파일을 실행하자마자 슬라이드 쇼 모드가 자동으로 시작돼요. 편집 화면을 거치지 않고 바로 게임을 실행할 수 있는 모드이지요.

❸ 첫 번째 슬라이드를 클릭
❹ 해당 슬라이드에 자동 화면 전환 시간을 8.5초 정도로 지정

완성된 게임에 장애물을 추가해 보세요!

실습 및 완성 : [19일차]–[연습문제]

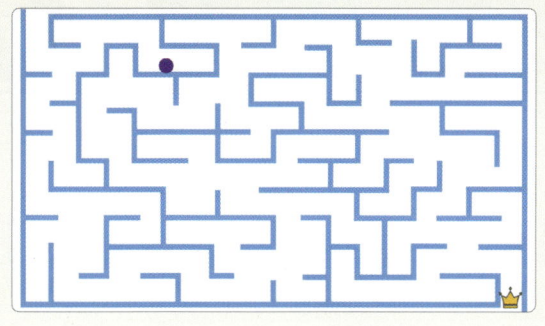 ➜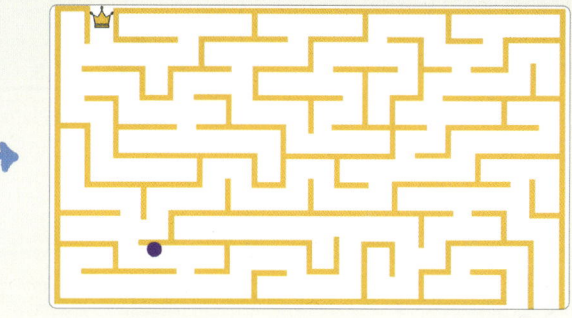

작성 조건

❶ [기본 도형]에서 [타원]을 넣고 서식을 변경하여 장애물을 만든 후 슬라이드 밖에 배치
❷ [삽입]-[실행]을 클릭한 후 [마우스를 위에 놓았을 때] 탭을 선택 → 마우스를 위에 놓았을 때 '슬라이드 6'으로 이동되도록 실행 설정
❸ [애니메이션 추가]-[이동 경로]-[사용자 지정 경로]를 이용하여 장애물 경로 그리기

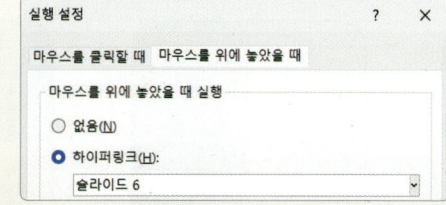 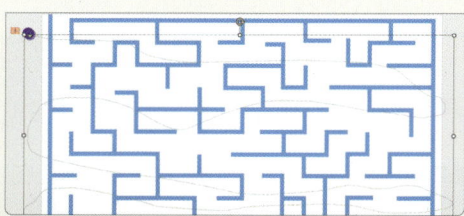

❹ 애니메이션의 타이밍 옵션을 변경
   (시작 : 이전 효과와 함께 / 재생 시간 : 15초 / 반복 : 슬라이드가 끝날 때까지)
❺ 같은 방법으로 네 번째 슬라이드와 다섯 번째 슬라이드에 장애물 추가하기

#색상코드입력 #서식복사 #텍스트효과(네온) #텍스트애니메이션

20일차 반려동물의 진짜 속마음은?

오늘의 디자인 | 개체(도형, 그림, 텍스트)의 크기와 위치에 따라 모핑 효과가 어떻게 나타나는지 확인해 볼 수 있어요. 파스텔 톤으로 디자인 된 반려동물의 진짜 속마음을 알아보는 슬라이드를 완성해 보세요!

실습 및 완성 : [20일차] 폴더

빠삭 Design | 색 조합의 중요성!

디자인에서 색 조합은 분위기를 결정짓는 가장 중요한 요소 중 하나예요. 어떤 색을 어떻게 섞느냐에 따라 디자인의 전체 인상이 달라지기 때문이지요. 그래서 색을 고르는 건 단순한 선택이 아니라, '느낌'을 정하는 작업이에요!

▲ 파스텔톤
귀여움, 따뜻함

▲ 레트로톤
빈티지, 안정감

▲ 모던톤
심플함, 고급스러움

▲ 비비드톤
에너지, 시선집중

Step 1 어울리는 색을 찾아 적용해요!

❶ [20일차]-'반려동물' 파일을 불러온 후 첫 번째 슬라이드 선택
❷ 맨 위쪽 도형 선택한 다음 [도형 채우기]-[다른 채우기 색] 클릭

❸ 16진수 코드를 입력한 후 <확인> 클릭(#ABDDCE)

❹ 같은 방법으로 두 번째 도형의 색상 변경(#FFCCCC)
❺ 세 번째 도형의 색상 변경(#ACC5EA)

Tip
색상 코드 활용하기

색상 코드를 입력하면 원하는 색을 정확하게 지정할 수 있어요. 다양한 색 조합이 필요한 경우, 컬러헌트(https://colorhunt.co/)와 같은 사이트를 이용해 보세요. 예쁜 색상 코드를 쉽게 찾을 수 있답니다!

Step 2 개체를 재배치 후 서식을 변경해요!

❶ 맨 위쪽 도형 선택 후 서식 복사 (Ctrl+Shift+C)

❷ 두 번째 슬라이드의 맨 앞쪽 도형 선택 후 서식 붙여넣기(Ctrl+Shift+V)

20 반려동물의 진짜 속마음은? 127

❸ 같은 방법으로 가운데와 오른쪽 도형 서식 복사-붙여넣기
❹ 첫 번째 슬라이드의 개체를 두 번째 슬라이드로 복사 후 배치

Tip

복사 및 붙여넣기
- 개체 복사 / 개체 붙여넣기
  Ctrl + C ▶ Ctrl + V
- 서식 복사 / 서식 붙여넣기
  Ctrl + Shift + C
  ▶ Ctrl + Shift + V

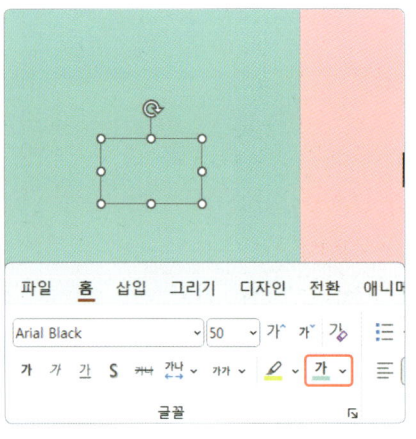

❺ 두 번째 슬라이드의 'Cat' 텍스트를 선택
❻ 뒤쪽 도형과 동일한 색상으로 글꼴 색상을 변경

Tip

최근에 사용한 색

색상 선택 시 최근에 사용한 색 팔레트를 이용해 이전에 지정했던 색을 쉽게 찾을 수 있어요!

❼ 글꼴 색 선택 화면에서 [다른 색] 클릭
❽ 그라데이션 막대를 아래쪽으로 내려 진하게 변경
❾ 배경과 유사한 색으로 변경된 텍스트 확인

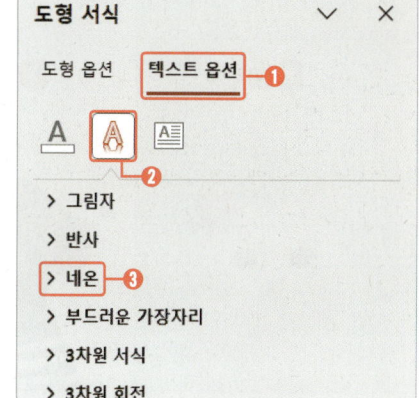

⑩ 같은 방법으로 나머지 텍스트 색상 변경
⑪ 세 개의 텍스트를 모두 선택 후 우클릭하여 [개체 서식] 클릭

⑫ [텍스트 옵션]-[텍스트 효과]-[네온] 선택

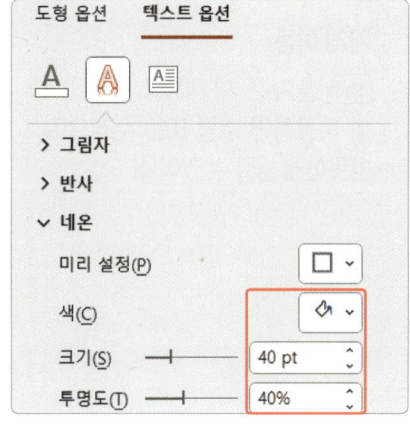

⑬ 색을 흰색으로 변경하고 크기와 투명도 지정

⑭ 텍스트 주변에 흰색 네온 효과가 적용된 것을 확인

Step 3 개체를 재배치한 후 고양이와 관련된 내용을 입력해요!

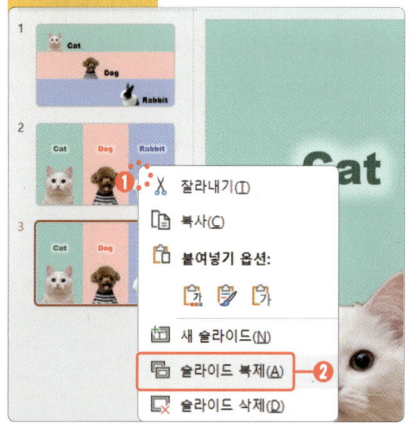

❶ 두 번째 슬라이드를 복제

❷ 세 번째 슬라이드에서 분홍색 사각형과 하늘색 사각형을 각각 선택한 후 그룹으로 지정(Ctrl+G)

❸ 그룹으로 지정된 도형의 가로 폭을 줄이기

❹ 그룹 해제(Ctrl+Shift+G)

> **Tip**
> **개체 이동**
> Shift를 누른 채 개체를 드래그하여 이동하면 수평 또는 수직으로 반듯하게 옮길 수 있어요!

❺ 고양이 뒤쪽 도형의 가로 폭을 늘리고, 개체 배치하기
❻ 'Dog'와 'Rabbit' 글꼴 크기를 30정도로 줄이기

> **Tip**
> **이렇게 작업했어요!**
> • 글꼴 : 학교안심 알림장 TTF B
> • 글꼴 크기 : 34pt
> • 이모지 : ⊞+.

❼ 고양이 위쪽의 내용을 수정한 후 글꼴 및 크기 변경

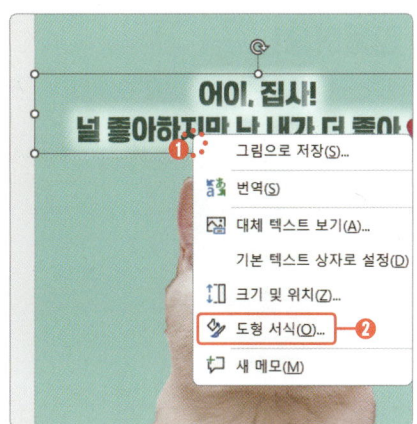
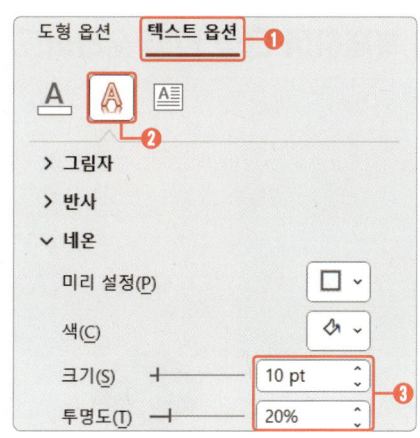

❽ 텍스트 위에서 우클릭하여 [도형 서식] 클릭

❾ 텍스트 [네온]의 크기와 투명도를 변경

❿ 텍스트 주변에 얇은 네온이 적용된 것을 확인

Step 4 두 번째 슬라이드를 복제하여 네 번째 슬라이드를 만들어요!

❶ 두 번째 [슬라이드 복제]
❷ 네 번째로 순서 변경

❸ 뒤쪽 도형의 가로 폭과 개체의 크기 조절하기
❹ 'Cat'와 'Rabbit' 글꼴 크기를 30정도로 줄이고, 'Dog'는 삭제

❺ 세 번째 슬라이드의 문구를 복사 (Ctrl+C)

❻ 네 번째 슬라이드에 붙여넣기(Ctrl+V)
❼ 내용 수정 후 텍스트 색상 변경

Step 5 두 번째 슬라이드를 복제하여 다섯 번째 슬라이드를 만들어요!

❶ 두 번째 [슬라이드 복제]
❷ 다섯 번째로 순서 변경

❸ 뒤쪽 도형의 가로 폭과 개체의 크기 조절하기
❹ 'Cat'와 'Dog' 글꼴 크기를 30정도로 줄이고, 'Rabbit'는 삭제

❺ 세 번째 슬라이드의 문구를 복사 (Ctrl+C)

❻ 다섯 번째 슬라이드에 붙여넣기(Ctrl+V)
❼ 내용 수정 후 텍스트 색상 변경

Step 6 모핑 효과를 적용하여 작품을 완성해요!

> **Tip**
>
> **작품 확인하기**
>
> F5를 눌러 작품을 확인해 보세요. 두 번째 슬라이드부터 다섯 번째 슬라이드까지 도형, 그림, 텍스트의 크기 및 위치에 따라 다채롭게 모핑 효과가 나타날 거예요!

❶ 두 번째 슬라이드 ~ 다섯 번째 슬라이드를 모두 선택
❷ [전환]-[모핑] 효과 적용

Design 플러스

텍스트에 나타내기 애니메이션을 적용해 보세요!

실습 및 완성 : [20일차]-[연습문제]

작성 조건

① 세 번째 슬라이드의 고양이 위쪽 텍스트를 선택 → [애니메이션 추가]-[나타내기]-[회전] 클릭
② [애니메이션 창]에서 나타내기 애니메이션의 효과와 타이밍 옵션을 수정

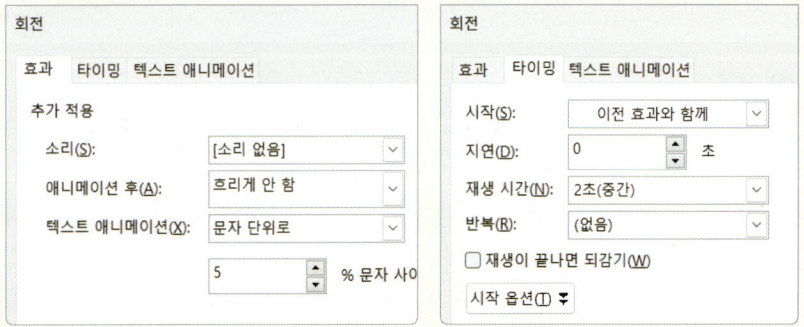

③ 같은 방법으로 네 번째 슬라이드의 강아지 문구, 다섯 번째 슬라이드의 토끼 문구에도 원하는 나타내기 애니메이션을 적용

#차트삽입(원형) #차트데이터입력 #차트편집 #이모지삽입 #애니메이션

21일차 빙글빙글 저녁 메뉴 추천

오늘의 디자인 | 원형 차트를 보기 좋게 편집하고, 음식 이모지 아이콘을 활용해 예쁘게 꾸며보세요. 특정 개체를 클릭하면 룰렛이 돌기 시작하고, 다시 클릭하면 멈추도록 설정해 게임을 완성할 수 있어요.

Before

After

실습 및 완성 : [21일차] 폴더

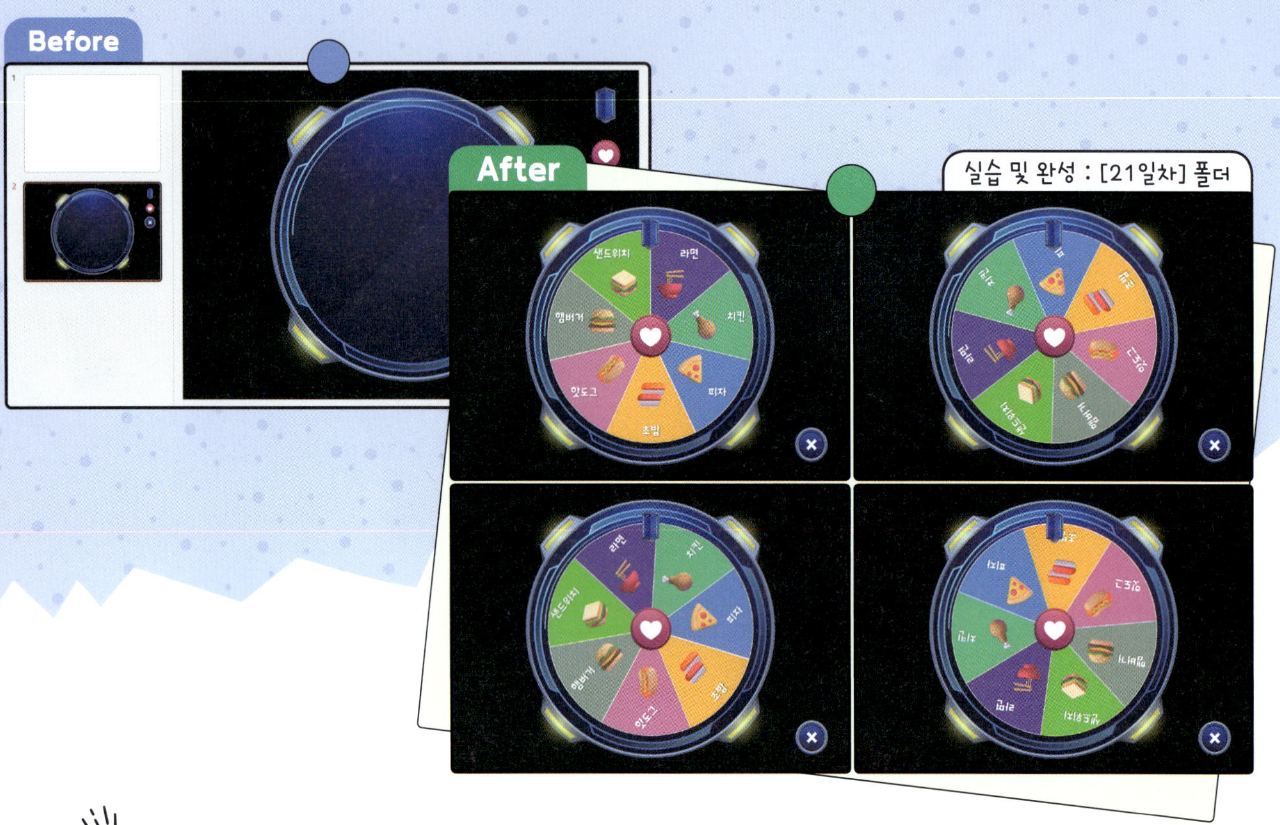

빠삭 Design | 눈속임의 기술, 착시현상!

우리의 눈은 가끔 '진짜'를 보지 못하고, 속임수에 넘어가요. 원형이 빠르게 회전하면 색이 섞여보이거나, 멈췄는데도 계속 돌고 있는 것처럼 느껴지기도 하지요. 이런 시각적 트릭을 '착시현상'이라고 불러요. 그림의 형태, 색상, 배치, 방향에 따라 눈은 쉽게 착각에 빠지곤 한답니다. 아래 이미지는 가로 줄이 기울어진 것처럼 보이지만, 사실은 모두 똑바른 줄이에요! 칸이 삐뚤게 배열되어 줄까지 기울어진 것처럼 보이는 착시랍니다.

Step 1 원형 차트를 삽입해요!

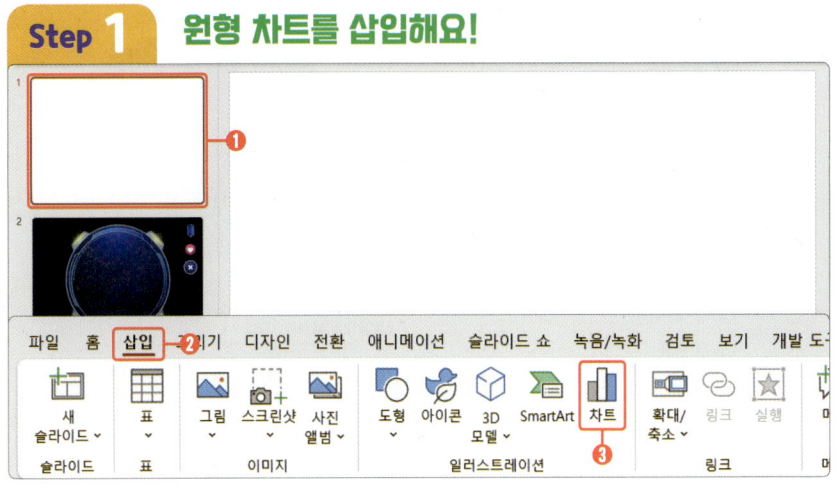
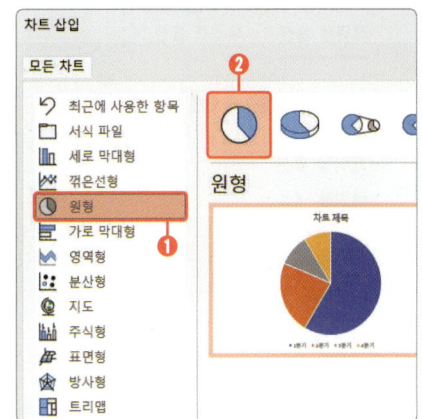

❶ [21일차]-'룰렛돌리기' 파일을 불러온 후 첫 번째 슬라이드 선택
❷ [삽입]-[차트] 클릭

❸ 원형 차트 선택 후 <확인> 클릭

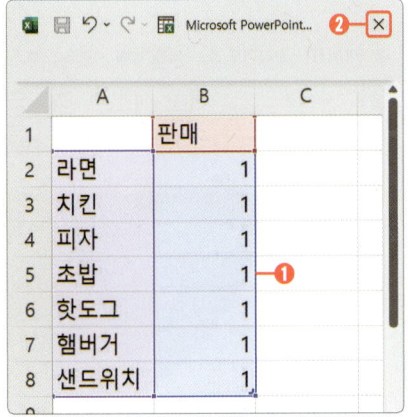
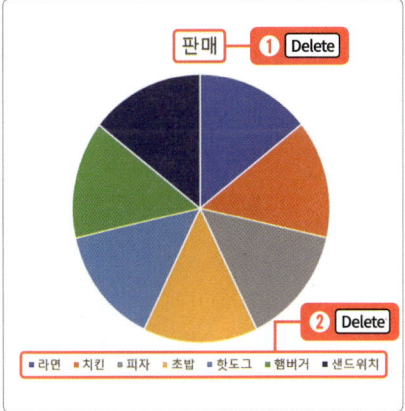

Tip

셀에 데이터 입력하기

[A2] 셀에 데이터를 입력 후 Enter 를 눌러 다음 줄에 내용을 입력할 수 있어요. 음식 이름은 이모지를 활용할 수 있는 위주로 선정했으니 작업에 참고해 주세요!

❹ 데이터 입력 후 엑셀 창 종료하기

❺ 차트의 제목과 범례를 선택한 후 Delete 를 눌러 삭제

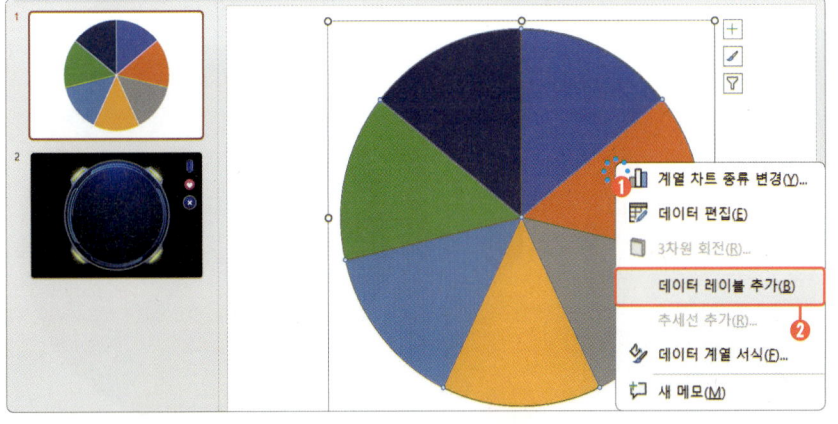

❻ 차트의 크기와 위치 조절
❼ 차트 위에서 우클릭하여 [데이터 레이블 추가] 선택

❽ 데이터 레이블 위에서 우클릭하여 [데이터 레이블 서식] 선택

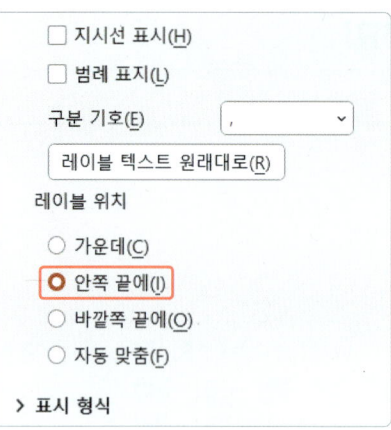
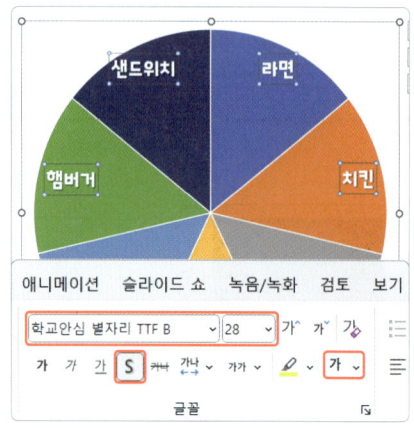

❾ 레이블 내용을 '항목 이름'에만 체크되도록 지정

❿ 레이블 위치를 '안쪽 끝에'로 지정

⓫ 데이터 레이블 선택된 상태에서 글꼴 서식 변경

Step 2 이모지로 음식 아이콘을 추가해요!

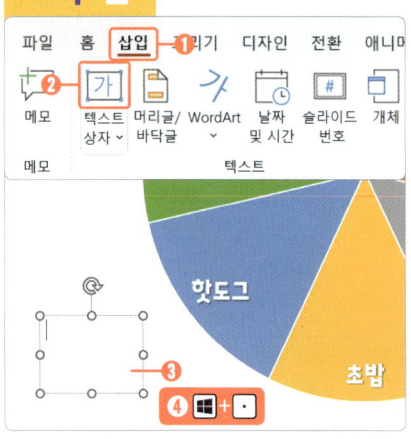
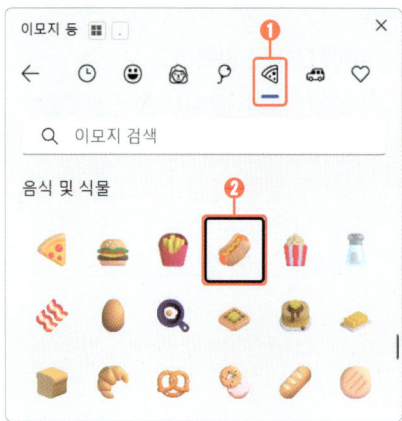
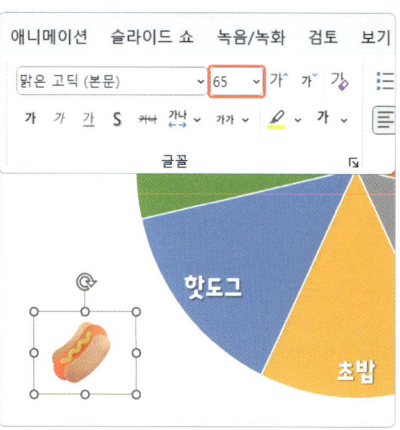

❶ 텍스트 상자를 추가한 후 ⊞+· 누르기

❷ 핫도그 이모지를 선택

❸ 이모지가 삽입되면 글꼴 크기를 변경

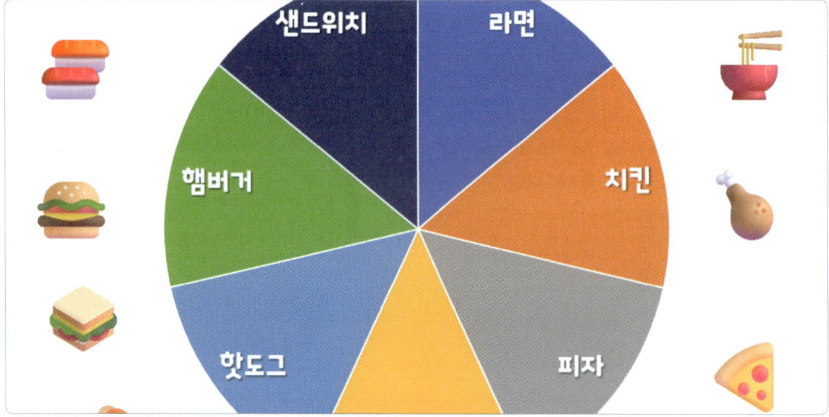

❹ 핫도그 이모지 텍스트 상자를 복사한 후 입력된 내용 삭제
❺ ⊞+· 를 눌러 필요한 이모지를 모두 추가

❻ 텍스트 상자의 테두리를 드래그하여 차트에 배치

Step 3 차트 계열 색상을 변경한 후 그림으로 변환해요!

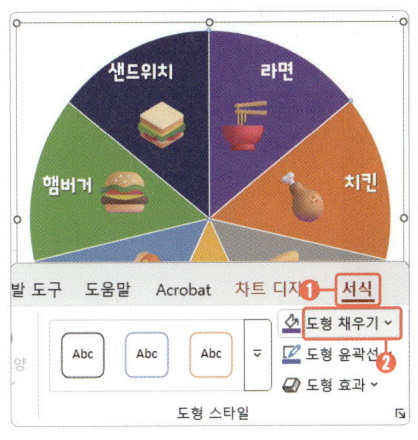

❶ 색을 변경하려는 계열을 여러 번 클릭하여 선택
❷ 원하는 색상을 지정
❸ 같은 방법으로 계열 색상을 변경

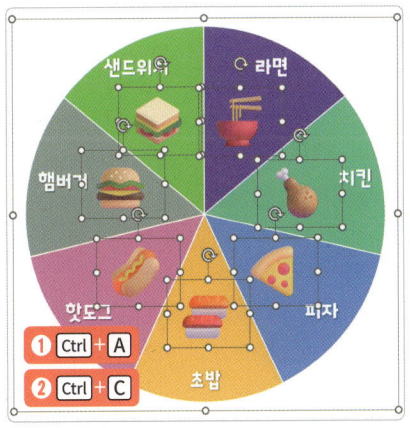

❹ Ctrl+A를 눌러 모든 개체를 선택 후 복사(Ctrl+C)
❺ 두 번째 슬라이드에서 그림으로 붙여넣기
❻ 룰렛 이미지의 크기 및 위치 조정

Step 4 슬라이드에 삽입된 개체의 이름을 변경해요!

❶ [홈]-[선택]-[선택 창]을 클릭
❷ 룰렛 개체를 선택한 후 선택 창에 표시된 이름을 '룰렛'으로 변경

21 빙글빙글 저녁 메뉴 추천 **137**

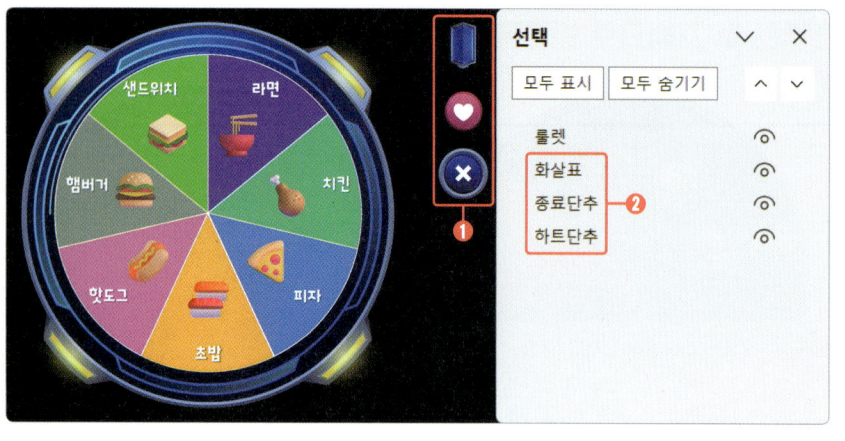
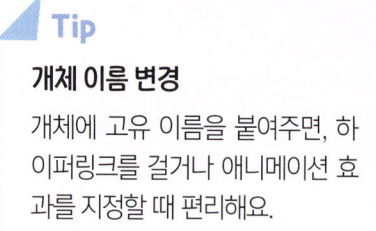

> **Tip**
>
> **개체 이름 변경**
>
> 개체에 고유 이름을 붙여주면, 하이퍼링크를 걸거나 애니메이션 효과를 지정할 때 편리해요.

❸ 같은 방법으로 슬라이드 우측의 개체 이름을 각각 변경

Step 5 룰렛이 돌아가는 애니메이션을 적용해요!

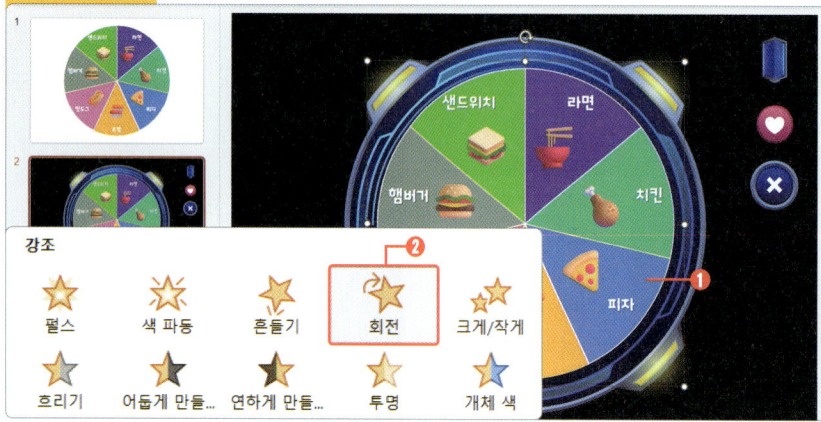
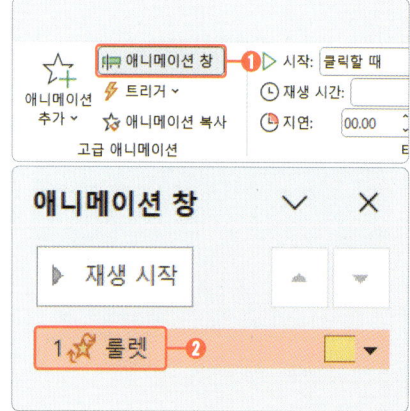

❶ 룰렛을 선택 후 [애니메이션]-[애니메이션 추가]를 클릭
❷ [강조]에서 [회전]을 선택

❸ [애니메이션 창] 클릭
❹ 적용된 애니메이션 더블클릭

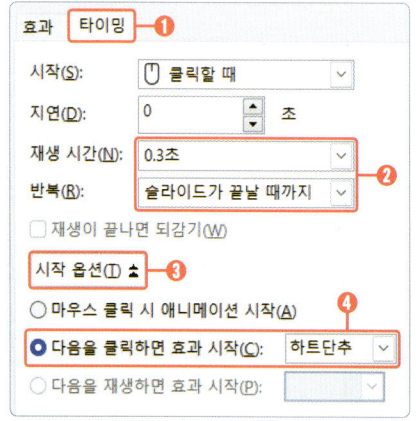
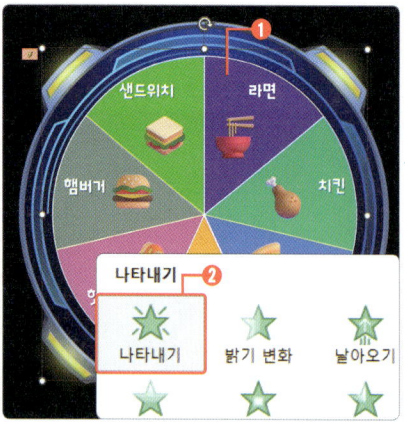
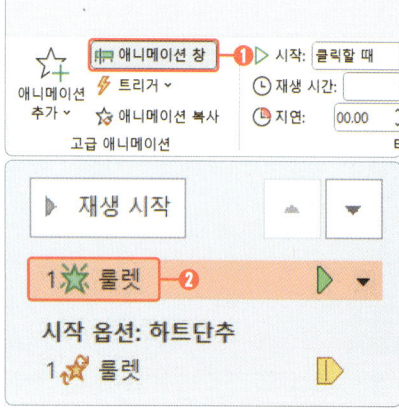

❺ [타이밍] 탭에서 옵션 변경
❻ <확인> 클릭

❼ 룰렛을 선택 후 [애니메이션 추가]-[나타내기]-[나타내기] 추가

❽ [애니메이션 창] 클릭
❾ 적용된 애니메이션 더블클릭

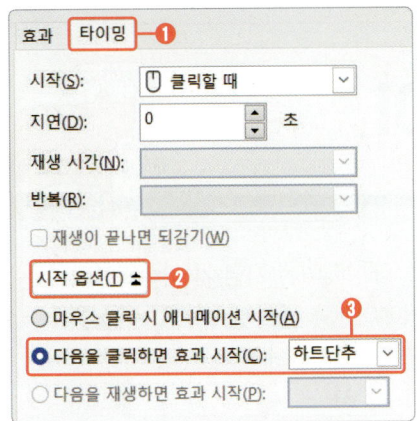

> **Tip**
>
> **게임을 실행해요!**
>
> 첫 번째 슬라이드 삭제 후 F5를 눌러 보세요. '하트단추'를 클릭하면 룰렛이 빠르게 돌기 시작하고, 다시 한 번 '하트단추'를 클릭하면 룰렛이 멈추는 것을 확인할 수 있습니다. '종료단추'를 선택하면 게임을 종료할 수 있어요.

❿ [타이밍] 탭에서 옵션 변경
⓫ <확인> 클릭

⓬ 하트단추, 화살표, 종료단추를 슬라이드에 배치

 **쇼 설정을 변경한 후 'ppsx(쇼)' 확장자로 저장하여 게임처럼 만들어요!**

실습 및 완성 : [21일차]-[연습문제]

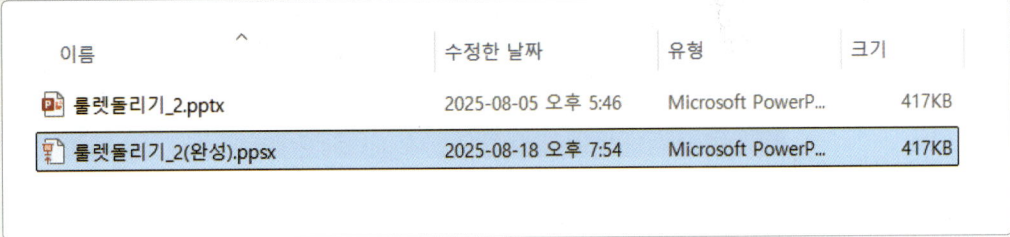

 작성 조건

❶ [슬라이드 쇼] 탭에서 [슬라이드 쇼 설정] 클릭
❷ 보기 형식을 [대화형 자동 진행]으로 지정

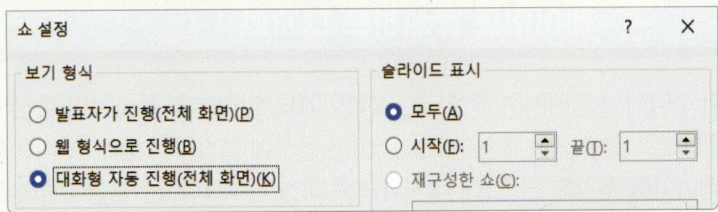

❸ [파일] 탭에서 [내보내기]-[파일 형식 변경]-[PowerPoint쇼(*ppsx)]를 선택하여 저장

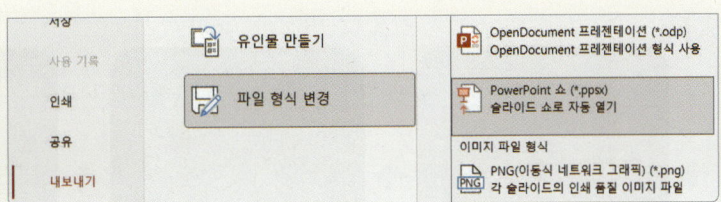

21 빙글빙글 저녁 메뉴 추천

#윤곽선두께 #윤곽선스케치 #윤곽선대시 #애니메이션지연설정

22일차 반짝이는 야경 불꽃놀이

오늘의 디자인 | 윤곽선의 두께, 스케치 효과, 대시 모양을 다양하게 설정하고, 애니메이션 지연 기능을 활용하여 어두운 야경 속에서 시간차를 두고 터지는 알록달록 불꽃 애니메이션을 완성해 보세요!

실습 및 완성 : [22일차] 폴더

빠삭 Design | 레이어로 완성하는 디자인

디자인은 다양한 요소들이 하나하나 겹쳐지며 완성되는 작업이에요. 밤하늘의 불꽃놀이 장면도 마찬가지죠. 먼저 도시의 야경을 배경으로 깔고, 그 위에 관람객 실루엣을 더하면 공간에 몰입감이 생겨요. 이제 불꽃이 더 돋보이도록, 살짝 어두운 블렌딩 레이어를 추가해 볼까요? 마지막으로 하늘 가득 터지는 형형색색의 불꽃을 얹으면 멋진 야경 불꽃놀이 장면이 만들어져요. 한 장면을 만들기 위해 요소를 겹치고 조합하는 것. 그게 바로 레이어 디자인의 핵심이에요!

Step 1 화려한 불꽃 모양을 만들어요!

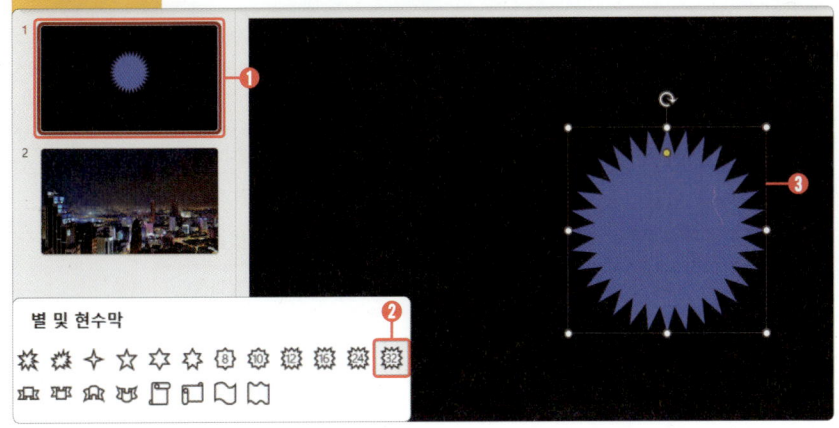

❶ [22일차]-'불꽃놀이' 파일을 불러온 후 첫 번째 슬라이드 선택
❷ [별 및 현수막]-[별: 꼭짓점 32개] 도형 삽입

❸ ●을 안쪽으로 드래그하여 모양을 변형

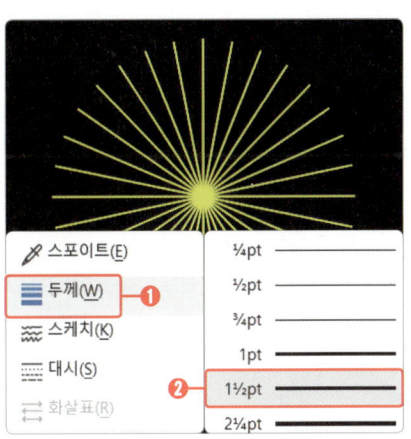
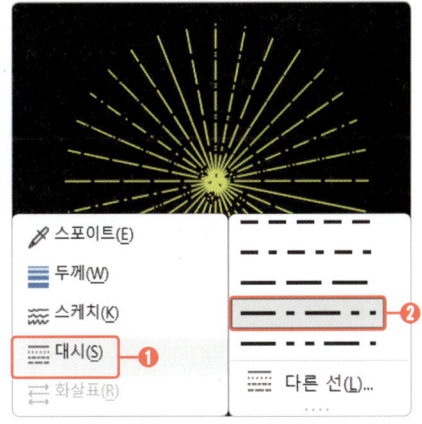

❹ [도형 윤곽선]의 색상 변경
❺ [도형 윤곽선]의 두께 변경
❻ [도형 윤곽선]의 대시 변경

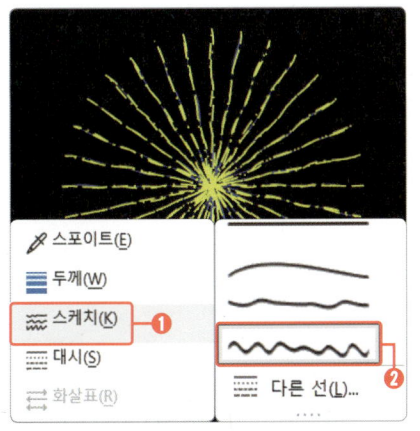
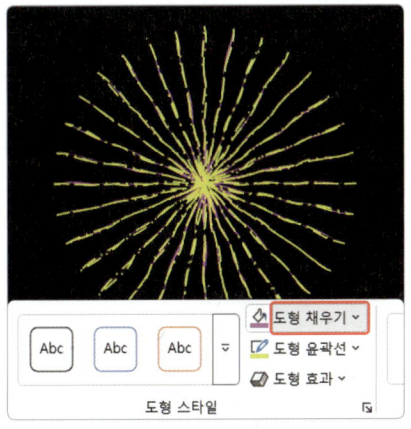

❼ [도형 윤곽선]의 스케치 변경
❽ [도형 채우기]의 색상 변경

Tip
도형 채우기 색 지정

선처럼 뾰족하게 변형된 도형에도 채우기 색을 적용할 수 있어요. 도형 채우기 색과 도형 윤곽선 색을 지정해 화려한 불꽃을 만들어 보세요!

Step 2 폭죽이 터지는 애니메이션을 적용해요!

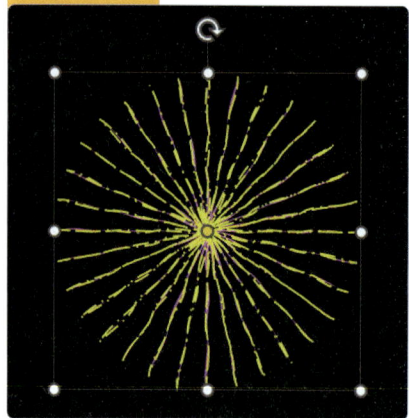
❶ 불꽃을 클릭

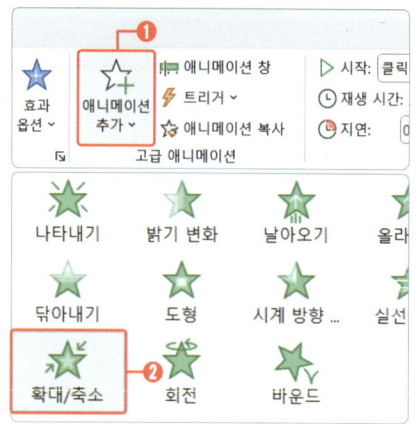
❷ [애니메이션 추가]-[나타내기]-[확대/축소] 클릭

❸ 이번에는 [애니메이션 추가]-[추가 끝내기 효과] 클릭

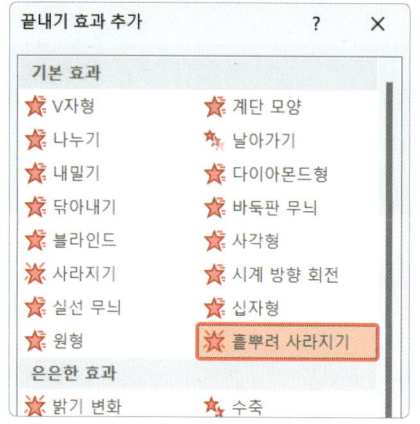
❹ [흩뿌려 사라지기] 효과 선택

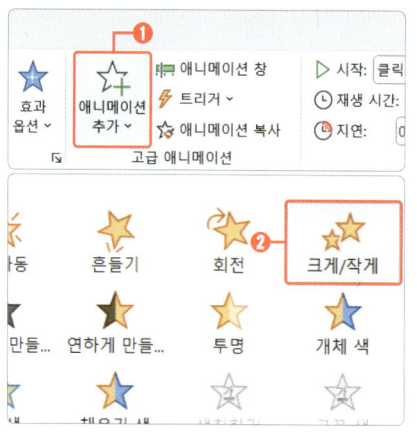
❺ 마지막으로 [애니메이션 추가]-[강조]-[크게/작게] 클릭

> **Tip**
>
> **폭죽 터지는 애니메이션**
>
> [애니메이션 추가] 메뉴를 이용하여 아래와 같이 3개의 애니메이션을 순서대로 적용합니다.
> - [나타내기]-[확대/축소]
> - [끝내기]-[흩뿌려 사라지기]
> - [강조]-[크게/작게]

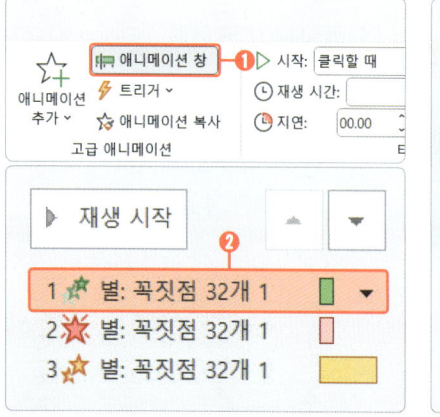
❻ [애니메이션 창] 클릭
❼ 나타내기 애니메이션 더블클릭

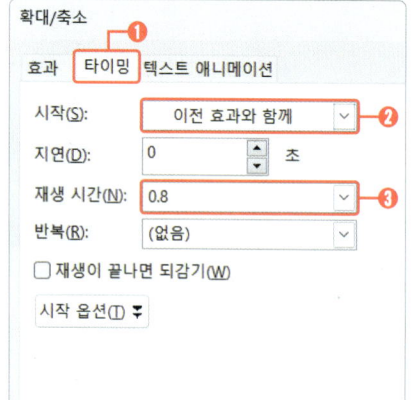
❽ [타이밍] 탭에서 옵션 변경
❾ <확인> 클릭

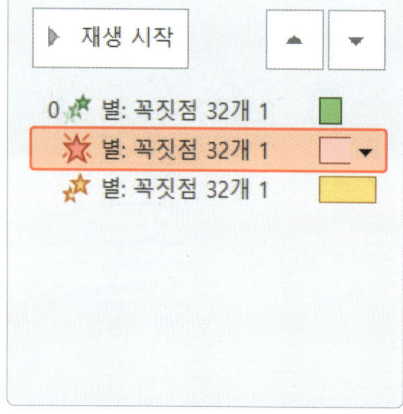
❿ 끝내기 애니메이션 더블클릭

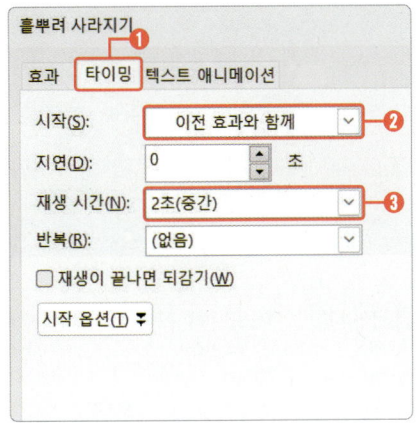  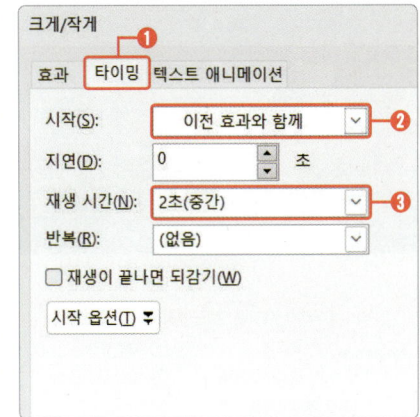

⑪ [타이밍] 탭에서 옵션 변경
⑫ <확인> 클릭
⑬ 강조 애니메이션 더블클릭
⑭ [타이밍] 탭에서 옵션 변경
⑮ <확인> 클릭

Step 3 시간차를 두고 터지는 폭죽을 만들어요!

> **Tip**
>
> **도형 크기 조정**
>
> Shift 를 누른 채 대각선 조절점을 드래그하면 도형의 가로 세로 비율을 유지한 상태로 크기를 조절할 수 있어요.

❶ 첫 번째 슬라이드의 불꽃을 복사(Ctrl + C)
❷ 두 번째 슬라이드에 붙여넣기(Ctrl + V) 후 배치

> **Tip**
>
> **이렇게 작업했어요!**
>
> 불꽃마다 크기를 다르게 만들고, 채우기 색뿐만 아니라 윤곽선 색, 두께, 스케치 효과, 대시 모양까지 다양하게 지정했어요!

❸ 같은 방법으로 불꽃을 복사하여 8개 정도 배치
❹ 불꽃 모양의 서식(도형 채우기, 도형 윤곽선 등)을 변경

 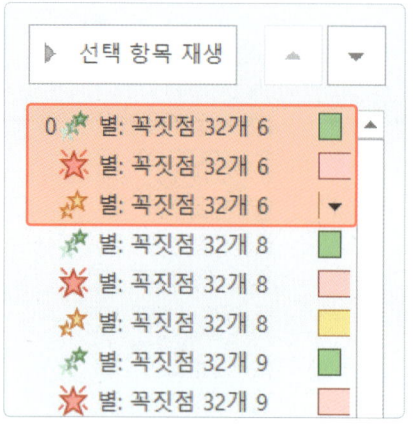 

❺ 임의의 불꽃을 선택
❻ [애니메이션 창] 클릭

❼ 해당 개체 관련된 애니메이션이 모두 선택된 것을 확인

❽ 지연에 0.5를 입력

> **Tip**
>
> **애니메이션 지연**
>
> '지연'은 애니메이션이 시작되기 전까지 대기하는 시간을 말해요. F5를 눌러 슬라이드 쇼를 실행한 후 지연 시간이 0.5초로 설정된 애니메이션이 살짝 늦게 시작되는 것을 확인해 보세요.

❾ 같은 방법으로 도형에 적용된 애니메이션의 지연 시간을 조금씩 늘리기
(예 : 0.5, 1, 1.5, 2, 2.5, 3, 3.5...)

> **Tip**
>
> **불꽃놀이 장면 연출**
>
> 불꽃이 터지는 타이밍은 지연 시간으로 조절할 수 있어요. 0.5~30초 사이로 다르게 설정해 보세요! 불꽃의 크기, 서식, 지연 시간을 다양하게 조합하면 더 화려한 불꽃놀이 장면을 만들 수 있어요.

❿ 불꽃을 더 복사한 후 도형의 서식과 애니메이션의 지연 시간을 변경

Step 4 어두운 배경과 관람객을 연출해요!

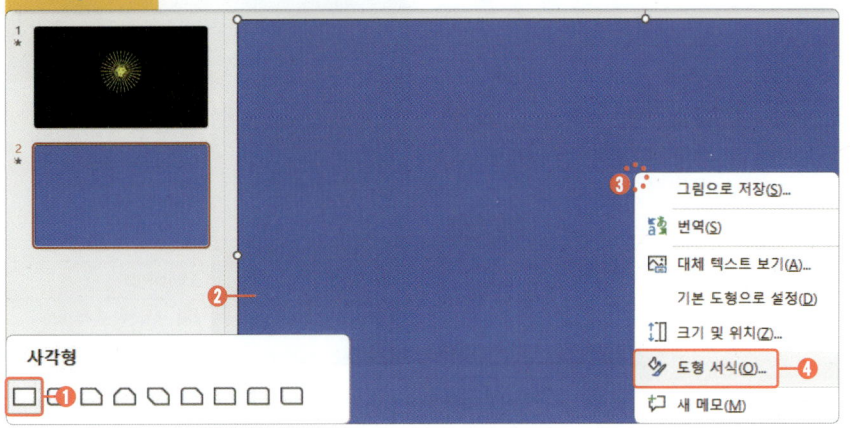

❶ 슬라이드를 덮는 크기의 [직사각형] 도형을 삽입
❷ 도형 위에서 우클릭하여 [도형 서식] 클릭

❸ 검정 색을 지정한 다음 투명도를 45%로 변경

> **Tip**
>
> **개체 배치 순서**
>
> 현재 작업 중인 두 번째 슬라이드의 개체 배치 순서는 아래와 같아요.
> (맨 뒤쪽)야경 배경 → 불꽃 → 어두운 직사각형 → 관광객(맨 앞쪽)

❹ [22일차]-'관광객' 이미지를 삽입 후 슬라이드 하단에 배치

 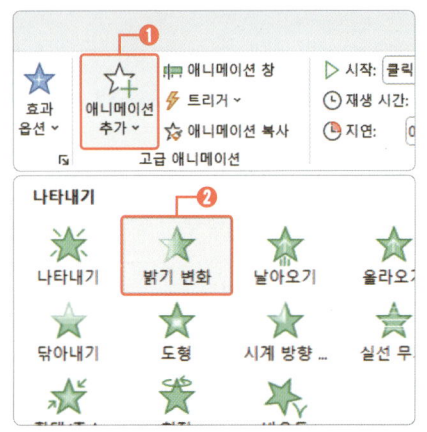 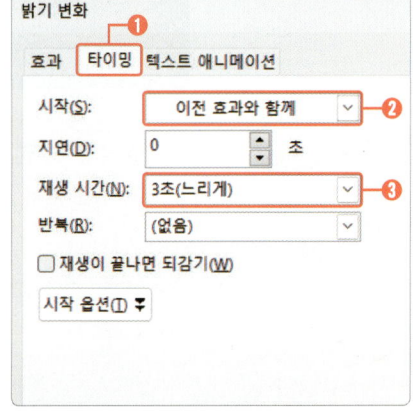

❺ 직사각형을 선택
❻ [애니메이션 추가]-[나타내기]-[밝기 변화] 클릭
❼ [타이밍] 탭에서 옵션 변경
❽ <확인> 클릭

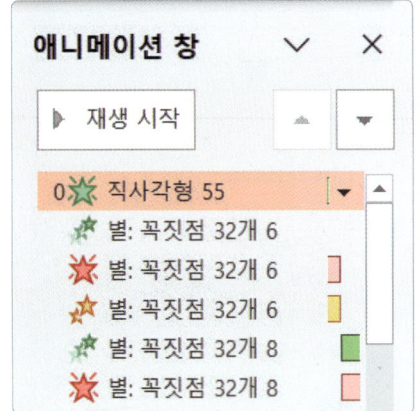 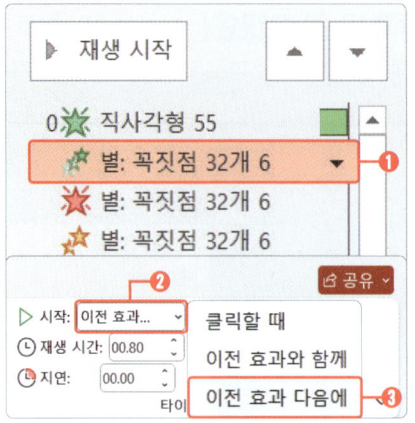 

❾ 직사각형에 적용된 애니메이션을 맨 위쪽에 배치

❿ 두 번째 애니메이션의 시작을 '이전 효과 다음에'로 변경

⓫ 직사각형을 [맨 뒤로 보내기]하여 작품을 완성

완성된 작품을 동영상 파일로 저장해 보세요!

실습 및 완성 : [22일차]-[연습문제]

작성 조건
❶ 불필요한 첫 번째 슬라이드를 삭제
❷ [파일] 탭에서 [내보내기]-[비디오 만들기]를 선택하여 동영상 파일로 저장

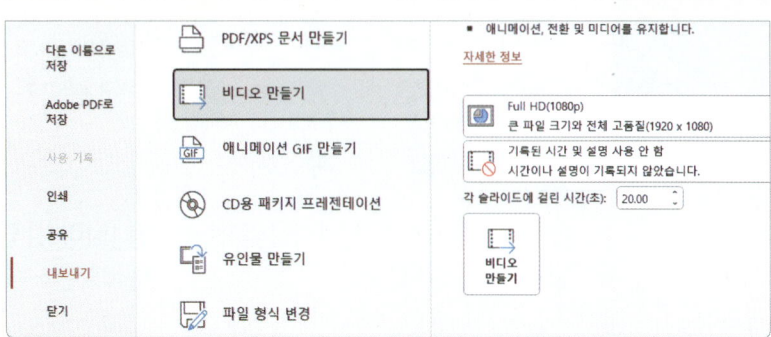

#안내선표시 #글꼴서식지정 #정렬 #도형병합(빼기) #모핑전환효과

23일차 해외 여행지 홍보 영상

오늘의 디자인 | 텍스트와 이미지를 활용해 해외 여행지를 소개하는 홍보 영상을 만들어 볼 거예요. 깔끔한 디자인을 위해 안내선을 표시해 배치 기준을 잡고 작업을 진행해 보겠습니다.

Before

FRANCE PARIS

ITALY VENICE

CZECH PRAGUE

After

실습 및 완성 : [23일차] 폴더

빠삭 Design | 사진과 타이포로 감각을 담다!

사진은 여행지의 분위기와 아름다움을 보여주고, 타이포그래피는 그 장소의 이름과 메시지를 또렷하게 전달해요. 두 요소를 적절히 결합하면 보는 사람에게도 그곳을 직접 가보고 싶은 호기심과 설렘을 불러일으킬 수 있죠. 특히 영상에서는 사진 위에 타이포가 자연스럽게 나타나거나, 화면 전환과 함께 움직이는 효과를 넣으면 몰입감이 한층 높아질 수 있어요.

 →  →

Step 1 텍스트 상자의 글꼴 서식을 변경해요!

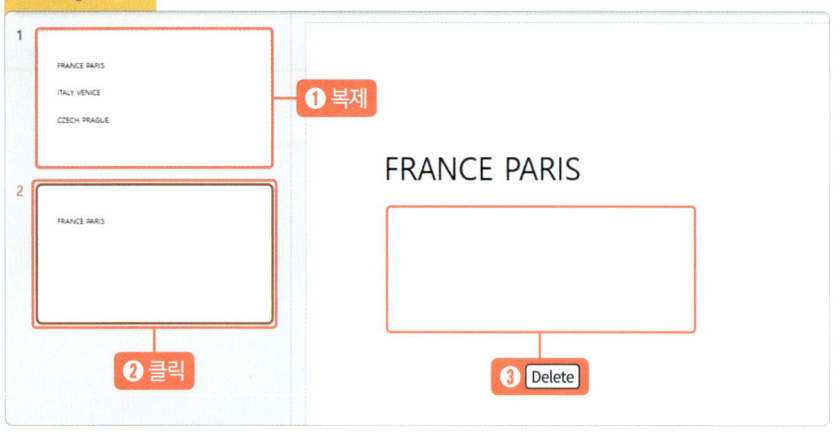

❶ [23일차]-'해외여행지' 파일을 불러온 후 슬라이드 복제
❷ 원하는 장소의 텍스트 상자만 남기고 삭제하기

❸ [보기]-[안내선]에 체크하여 슬라이드의 중앙 위치를 표시

> **Tip**
>
> **안내선이란?**
>
> 안내선은 개체를 정확하고 깔끔하게 배치할 수 있도록 도와주는 가느다란 점선이에요. 정렬 기준을 눈으로 확인할 수 있어 슬라이드 디자인을 더 균형 있고 보기 좋게 완성할 수 있습니다.

❹ 텍스트 상자의 글꼴, 크기를 자유롭게 변경
❺ 균등 분할로 정렬

❻ [도형 서식]-[맞춤]-[가운데 맞춤] 지정
❼ [도형 서식]-[맞춤]-[중간 맞춤] 지정

> **Tip**
>
> **슬라이드 중앙에 배치**
>
> [맞춤] 기능의 [가운데 맞춤]과 [중간 맞춤]을 통해 텍스트 상자를 슬라이드 정중앙에 배치할 수 있어요.

Step 2 도형 병합(빼기) 기능으로 텍스트를 나눠요!

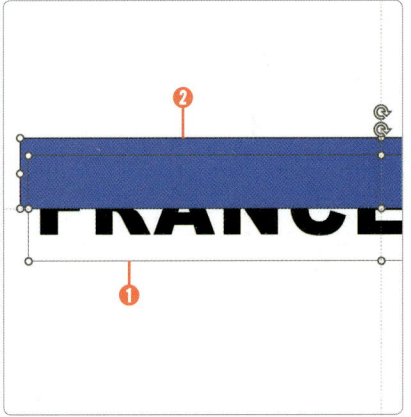

❶ [사각형]-[직사각형] 도형을 삽입
❷ 안내선을 참고하여 텍스트의 하단이 가려지도록 크기와 위치 조정

❸ 두 번째 슬라이드를 복제

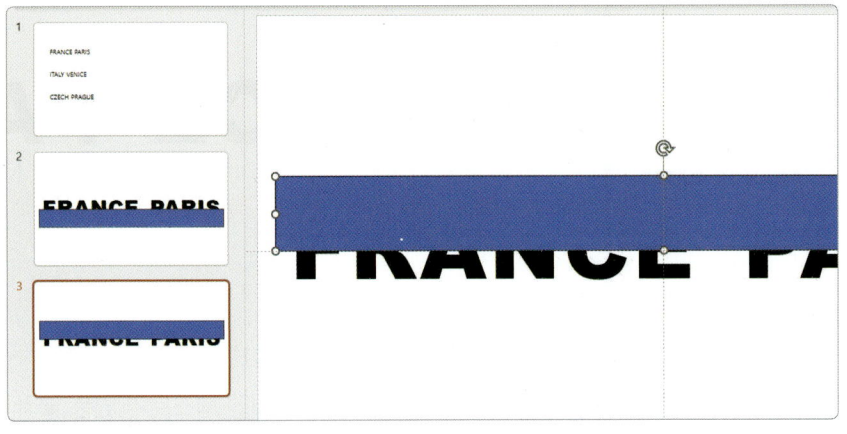

❹ Shift 를 누른 채 세 번째 슬라이드의 도형을 위쪽으로 드래그하여 텍스트의 상단이 가려지도록 위치 이동

❺ 텍스트 상자 선택
❻ Shift 누른 채 도형 선택

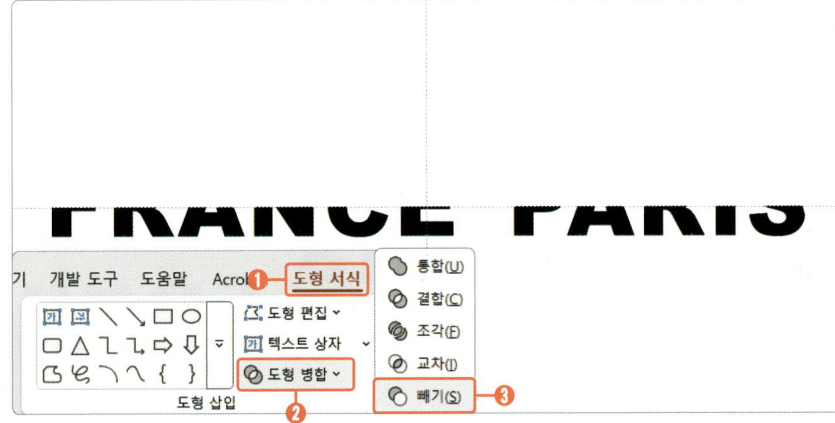

❼ [도형 병합]-[빼기]를 선택
❽ 아래쪽 텍스트 모양만 남겨진 것을 확인

> **Tip**
> **작업 시 유의해요!**
> [도형 병합]-[빼기] 기능은 개체 선택 순서에 따라 병합 결과가 달라져요. 첫 번째로 선택한 개체의 서식이 기준이 되므로, 텍스트 → 도형 순서로 선택했습니다.

23 해외 여행지 홍보 영상

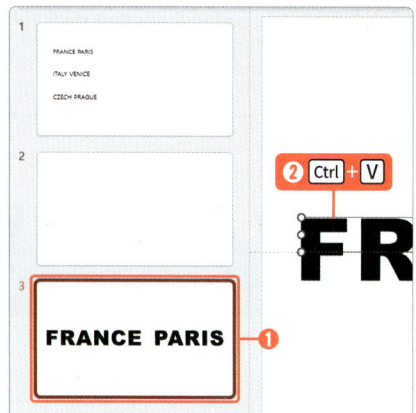

⑨ 같은 방법으로 두 번째 슬라이드의 위쪽 텍스트 모양만 남기기
⑩ 위쪽 텍스트 모양을 선택한 후 잘라내기(Ctrl+X)

⑪ 세 번째 슬라이드 선택
⑫ 붙여넣기(Ctrl+V)

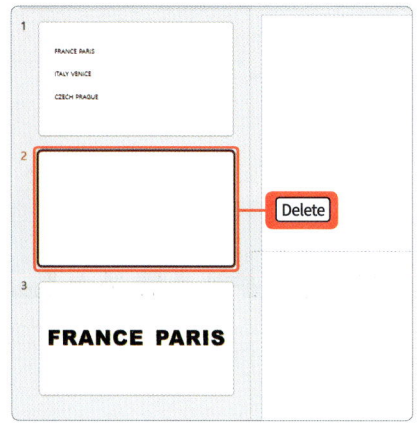
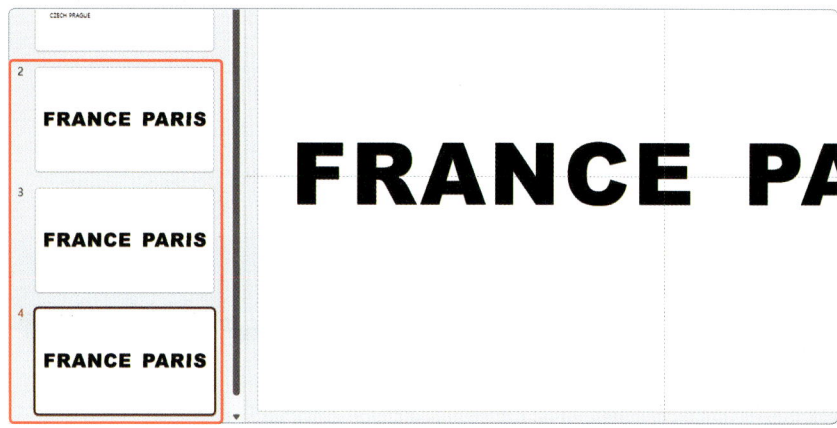

⑬ 비어있는 두 번째 슬라이드 삭제
⑭ 슬라이드 복제 기능을 이용하여 상단과 하단이 나눠진 텍스트가 있는 슬라이드를 3개 만들기

Step 3 각 슬라이드마다 텍스트를 다른 형태로 배치해요!

❶ 두 번째 슬라이드에서 Shift를 누른 채 위쪽 텍스트를 왼쪽 슬라이드 밖으로 이동

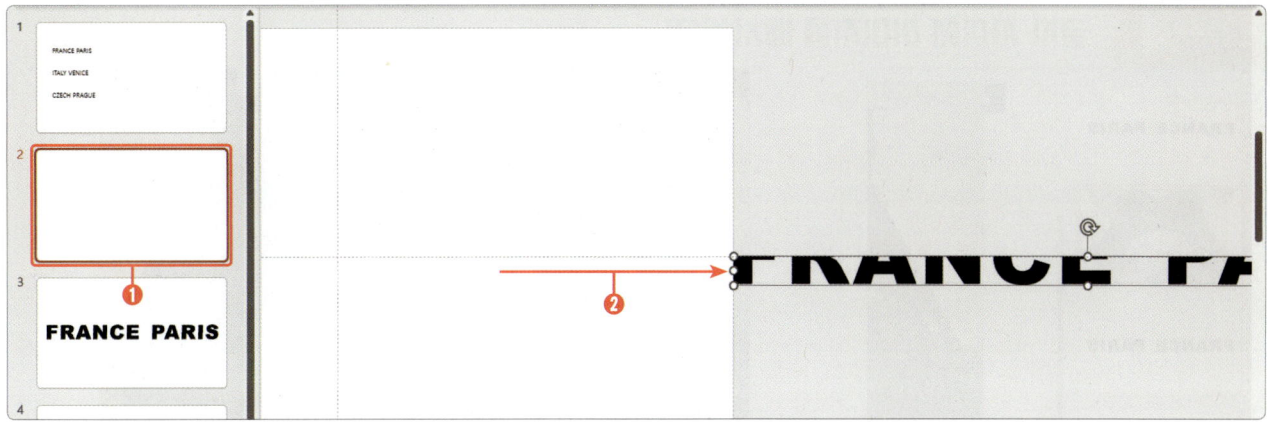

② 같은 방법으로 Shift 를 누른 채 아래쪽 텍스트를 오른쪽 슬라이드 밖으로 이동

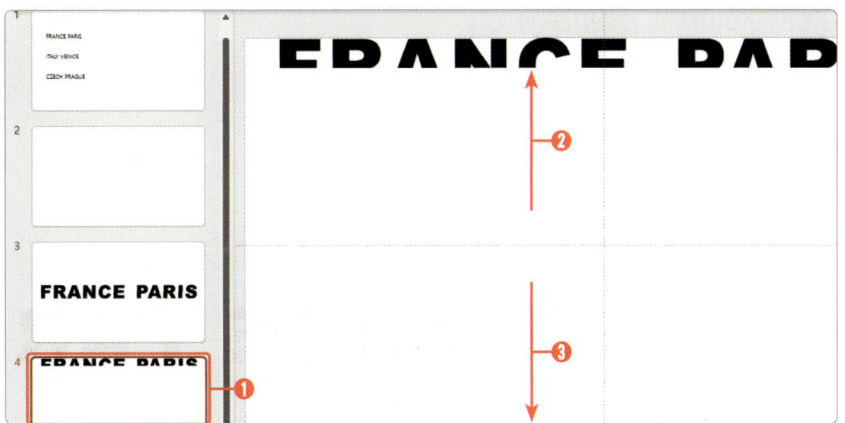

③ 네 번째 슬라이드를 선택
④ Shift 를 누른 채 위쪽과 아래쪽에 텍스트를 각각 배치

 세 번째 슬라이드를 복제하여 다섯 번째 위치로 이동

⑥ 두 번째 슬라이드를 복제하여 여섯 번째 위치로 이동

> **Tip**
> **슬라이드 순서**
> - [슬라이드 1] : 여행지 이름 텍스트 상자
> - [슬라이드 2], [슬라이드 6] : 슬라이드 바깥쪽에 나누어 배치
> - [슬라이드 3], [슬라이드 5] : 슬라이드 중앙에 배치
> - [슬라이드 4] : 슬라이드 상단과 하단에 나누어 배치

Step 4 글자 사이에 이미지를 배치해요!

❶ 네 번째 슬라이드 선택
❷ [23일차]- 여행지 이미지 삽입

❸ [그림 서식]-[자르기] 기능을 활용해 텍스트의 너비만큼 그림을 배치
❹ 해당 이미지를 복사(Ctrl+C)

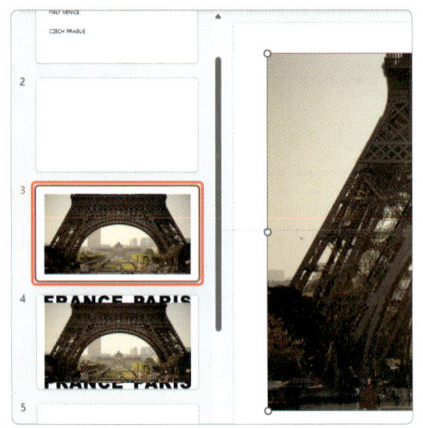
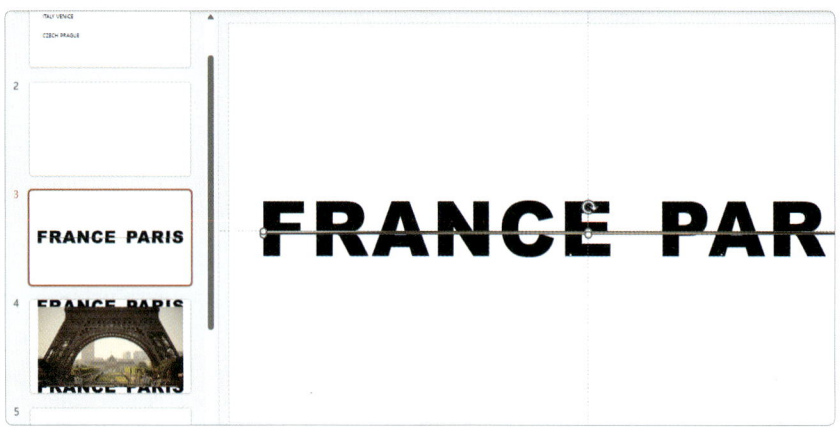

❺ 세 번째 슬라이드에 붙여넣기 (Ctrl+V)

❻ Ctrl+Shift+Alt를 누른 채 그림의 가운데 조절점을 드래그하여 그림을 중앙에 납작하게 줄여서 배치

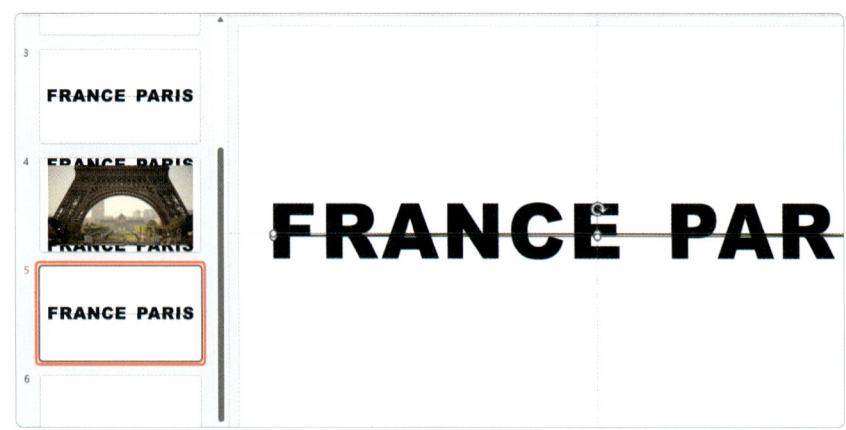

❼ 납작해진 그림을 [맨 뒤로 보내기]

❽ 같은 방법으로 다섯 번째 슬라이드에 그림을 납작하게 줄여서 배치

  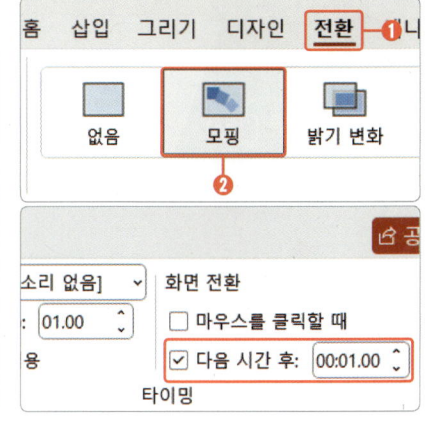

⑨ 불필요한 첫 번째 슬라이드 삭제 ⑩ 모든 슬라이드를 선택 ⑪ 모핑 전환 효과 적용
⑫ 타이밍 옵션을 변경

Design 플러스
완성된 작품을 동영상 파일로 저장해 보세요!

실습 및 완성 : [23일차]-[연습문제]

작성 조건

❶ [파일] 탭에서 [내보내기]-[비디오 만들기]를 선택하여 동영상 파일로 저장

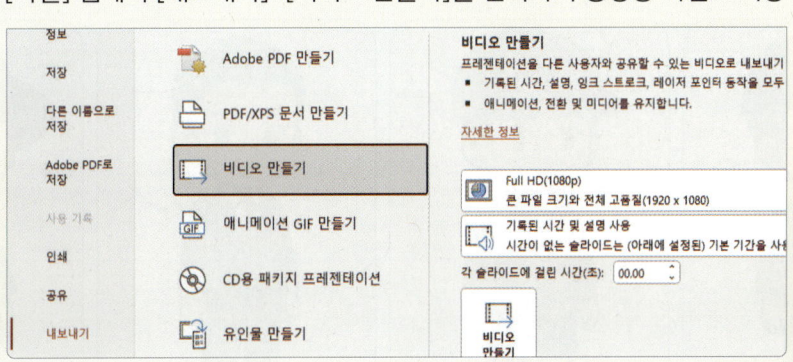

23 해외 여행지 홍보 영상

#애니메이션추가 #애니메이션옵션변경 #애니메이션순서변경 #트리거지정

24일차 옷 입히기 게임 제작

오늘의 디자인 | 버튼을 클릭했을 때, 특정 개체가 나타나고 다시 클릭하면 사라지도록 설정해 옷 입히기 게임을 만들어 볼 거예요. 개체의 종류가 많으니 설명 순서에 따라 차근차근 작업해 보세요.

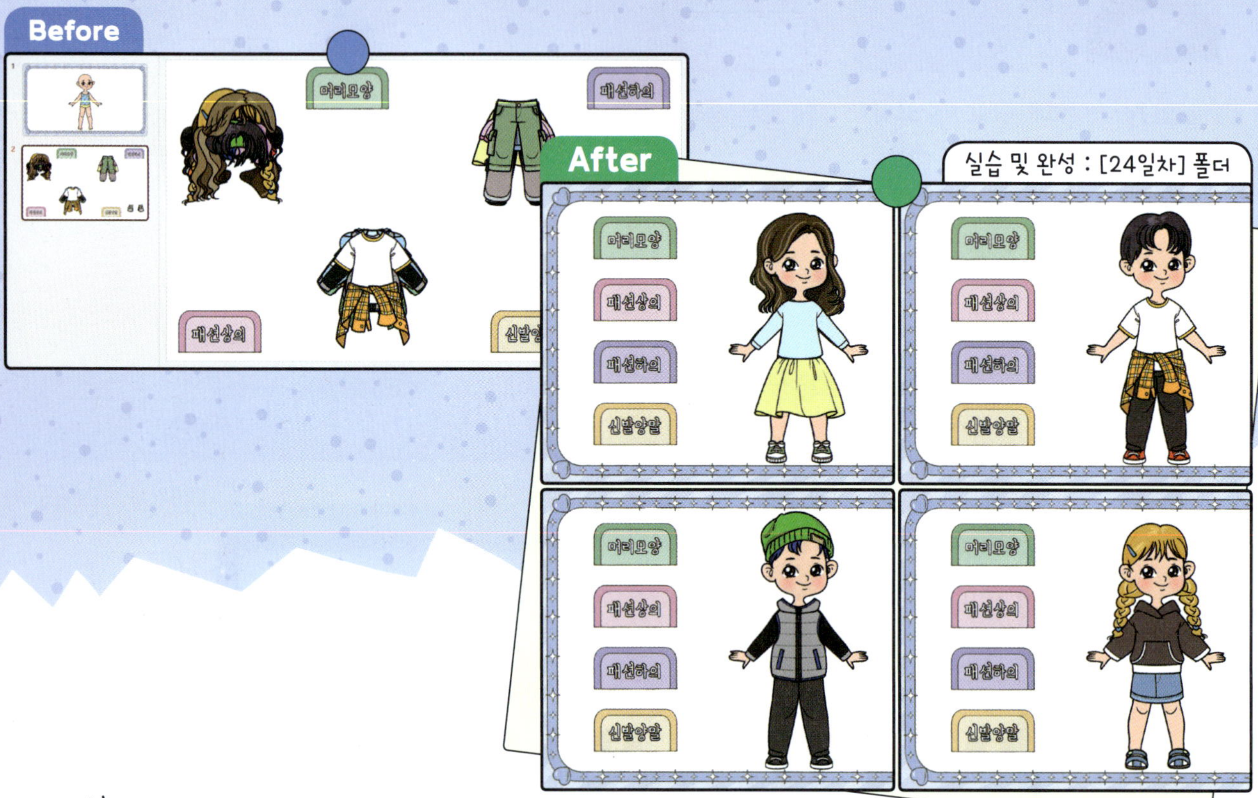

Before

After

실습 및 완성 : [24일차] 폴더

빠삭 Design | 나만의 패션 스타일을 디자인해요!

옷을 고르고, 색을 맞추고, 소품을 더하는 건 디자인 감각을 키우는 멋진 놀이예요. 오늘은 내가 직접 패션 디자이너가 되어 패션의 색, 무늬, 분위기를 조합해 나만의 스타일을 만들어 볼 거예요!

Step 1   머리모양에 나타내기와 사라지기 애니메이션을 적용해요!

Tip

작업 유의사항

머리가 모두 선택되도록 드래그합니다. 이번 챕터에서는 개체의 크기가 변경되지 않도록 특히 주의해야 해요!

❶ [24일차]-'옷입히기게임' 파일을 불러온 후 두 번째 슬라이드 선택
❷ 머리모양 주변을 드래그하여 머리모양 이미지를 모두 선택

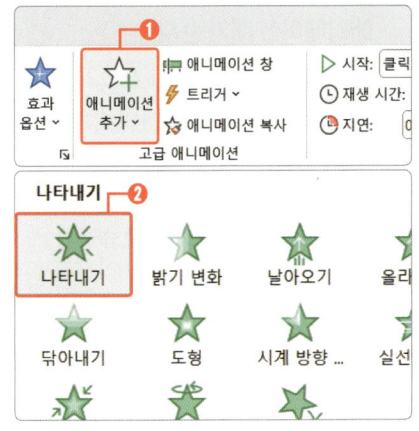  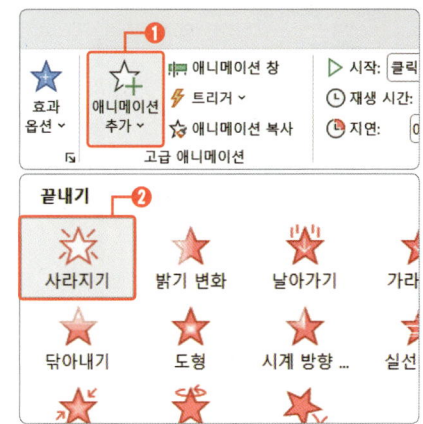

❸ [애니메이션 추가]-[나타내기]-[나타내기] 클릭
❹ 다시 머리모양 이미지를 모두 선택
❺ [애니메이션 추가]-[끝내기]-[사라지기] 클릭

Step 2   애니메이션의 시작 옵션과 순서를 변경해요!

Tip

애니메이션 목록 선택

[끝내기]-[사라지기] 효과가 적용된 목록에서 '헤어10'을 클릭한 후 Shift 를 누른 채 맨 아래쪽 '헤어1'을 선택해줍니다.

❶ [애니메이션 창] 클릭
❷ 끝내기 효과의 '헤어' 목록을 한 번에 선택

❸ 시작을 '클릭할 때'로 재선택

> **Tip**
>
> **클릭할 때 지정**
>
> 애니메이션 시작 옵션을 '클릭할 때'로 다시 선택하면, 애니메이션 목록 앞쪽에 각각 숫자가 표시될 거예요!

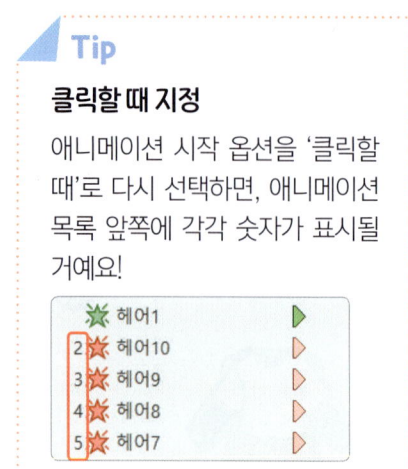

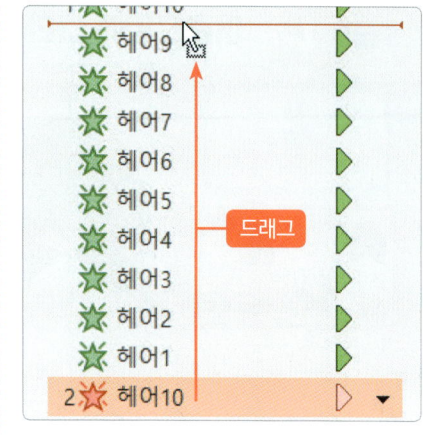

❹ 끝내기 효과의 '헤어10'을 두 번째 위치로 드래그

❺ 배치 순서 확인

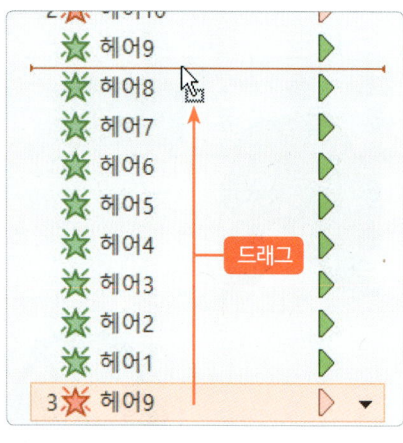

❻ 이번에는 끝내기 효과의 '헤어9'를 다음과 같이 드래그

> **Tip**
>
> **애니메이션 배치 순서**
>
> [나타내기]-[나타내기] 효과가 적용된 목록 바로 아래, [끝내기]-[사라지기] 효과가 적용된 애니메이션을 배치해 주세요. 배치 순서가 달라질 경우 게임에 오류가 발생하니 유의하며 작업해요!

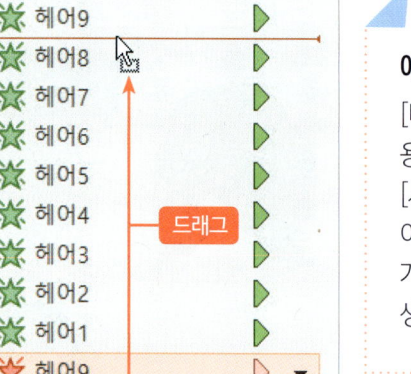

❼ 같은 방법으로 '헤어' 애니메이션 목록 재배치

Step 3 패션상의에 나타내기와 사라지기 애니메이션을 적용해요!

❶ 상의 이미지를 모두 선택

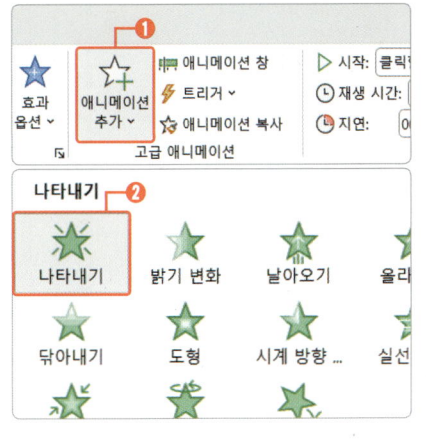

❷ [애니메이션 추가]-[나타내기]-[나타내기] 클릭

❸ 다시 상의 이미지를 모두 선택

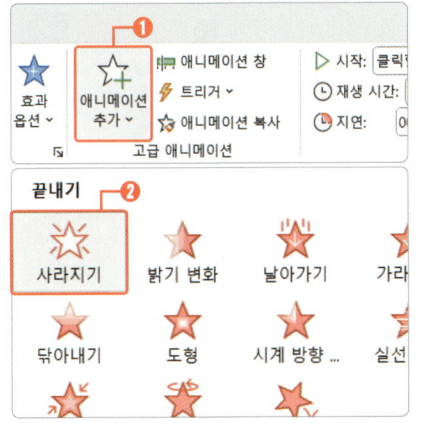

❹ [애니메이션 추가]-[끝내기]-[사라지기] 클릭

❺ [애니메이션 창] 클릭

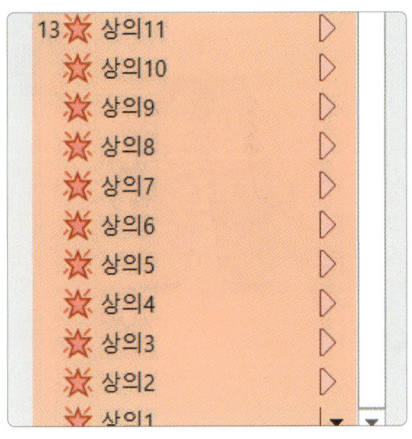

❻ 끝내기 효과의 '상의' 목록을 한 번에 선택

Tip
애니메이션 목록 선택

[끝내기]-[사라지기] 효과가 적용된 목록에서 '상의11'을 클릭한 후 Shift 를 누른 채 맨 아래쪽 '상의1'을 선택해줍니다.

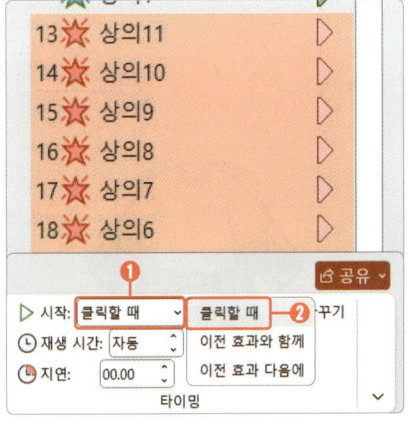

❼ 시작을 '클릭할 때'로 재선택

Tip
클릭할 때 지정

애니메이션 시작 옵션을 '클릭할 때'로 다시 선택하면, 애니메이션 목록 앞쪽에 각각 숫자가 표시될 거예요!

❽ '상의' 애니메이션 목록 재배치

Tip

애니메이션 배치 순서

[나타내기]-[나타내기] 효과가 적용된 목록 바로 아래, [끝내기]-[사라지기] 효과가 적용된 애니메이션을 배치해 주세요. 배치 순서가 달라질 경우 게임에 오류가 발생하니 유의하며 작업해요!

Step 4 패션하의와 신발에 애니메이션을 적용해요!

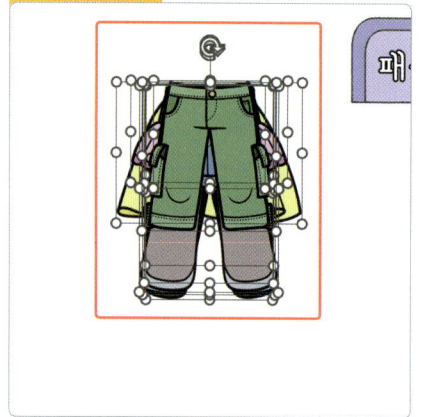

❶ 하의 이미지를 모두 선택

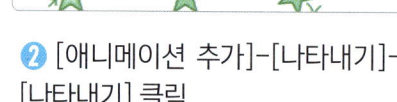

❷ [애니메이션 추가]-[나타내기]-[나타내기] 클릭

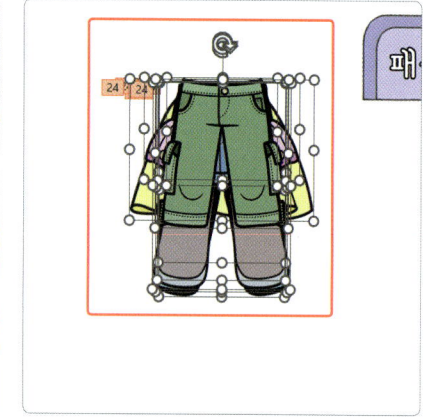

❸ 다시 하의 이미지를 모두 선택

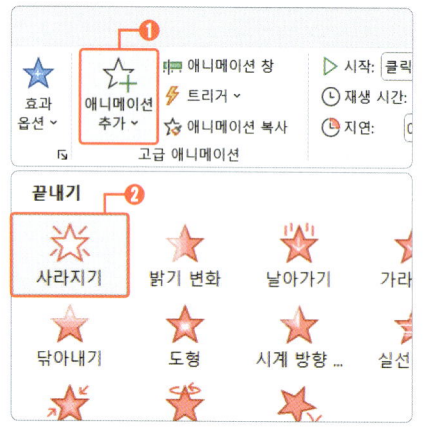

❹ [애니메이션 추가]-[끝내기]-[사라지기] 클릭

❺ [애니메이션 창] 클릭

❻ 끝내기 효과의 '하의' 목록을 한 번에 선택

❼ 시작을 '클릭할 때'로 재선택

❽ '하의' 애니메이션 목록 재배치

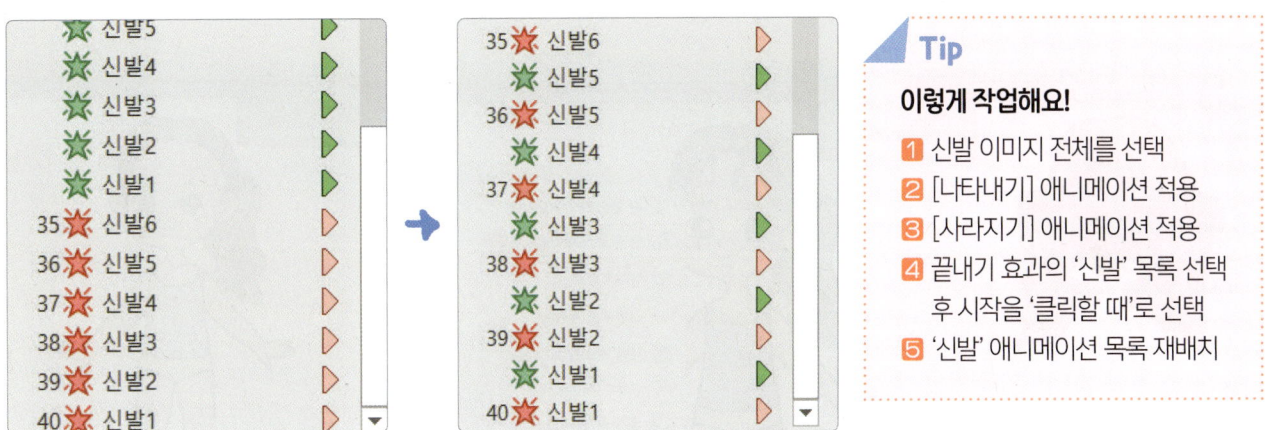

❾ 신발 이미지에 동일한 방법으로 애니메이션을 적용

Tip
이렇게 작업해요!
1. 신발 이미지 전체를 선택
2. [나타내기] 애니메이션 적용
3. [사라지기] 애니메이션 적용
4. 끝내기 효과의 '신발' 목록 선택 후 시작을 '클릭할 때'로 선택
5. '신발' 애니메이션 목록 재배치

Step 5 — 머리 아이템을 캐릭터 뒤쪽에 배치하고 트리거 적용하기!

❶ 머리 이미지와 단추를 선택 후 잘라내기(Ctrl+X)

❷ 첫 번째 슬라이드 선택 후 붙여넣기(Ctrl+V)

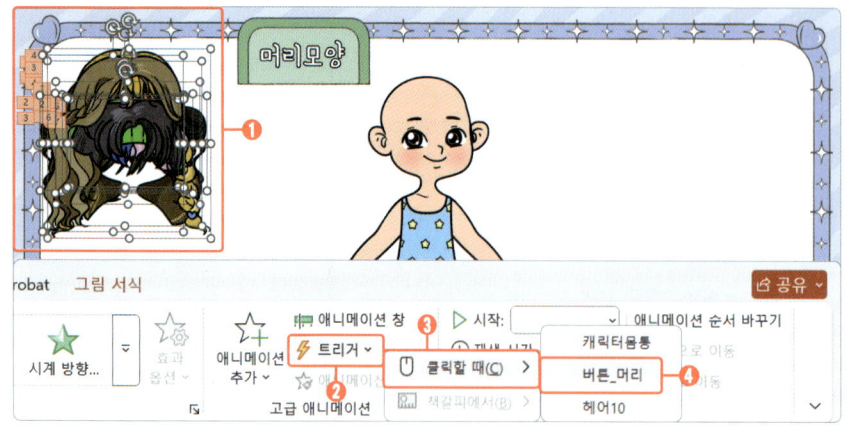

❸ 머리 모양 전체가 선택된 상태에서 [애니메이션] 탭 클릭
❹ [트리거]-[클릭할 때]-[버튼_머리] 항목을 선택

❺ 머리 모양에 트리거가 적용된 것을 확인

❻ 첫 번째 머리 모양의 위치 조정하기
❼ 우클릭하여 [맨 뒤로 보내기]

❽ 머리 모양이 뒤쪽에 배치된 것을 확인

> **Tip**
>
> **그림의 위치 조정**
>
> 그림의 위치를 미세하게 옮길 때는 방향키(↑, ↓, ←, →)를 이용해요. 그림은 캐릭터의 크기와 이미 맞춰 두었으므로, 별도로 크기 조절은 하지 않습니다.

❾ 두 번째 머리 모양의 위치 조정하기
❿ 우클릭하여 [맨 뒤로 보내기]

⑪ 같은 방법으로 모든 머리 모양의 위치 조정 후 버튼 위치 변경
⑫ 캐릭터를 [맨 뒤로 보내기]

⑬ 캐릭터 앞으로 머리가 배치된 것을 확인

⑭ 슬라이드 쇼를 실행 후 '머리모양' 버튼을 누를 때마다 머리 스타일이 변경되는 것을 확인

⑮ 다음 작업을 위해 캐릭터를 [맨 앞으로 가져오기]

Step 6 상의 아이템을 캐릭터 뒤쪽에 배치하고 트리거 적용하기!

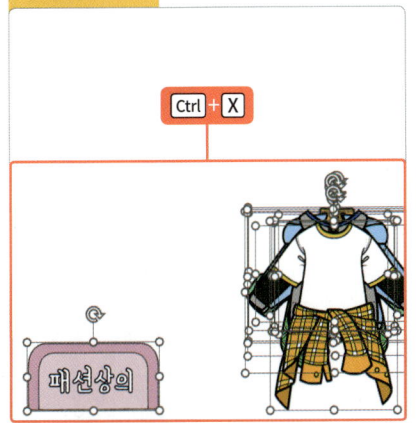

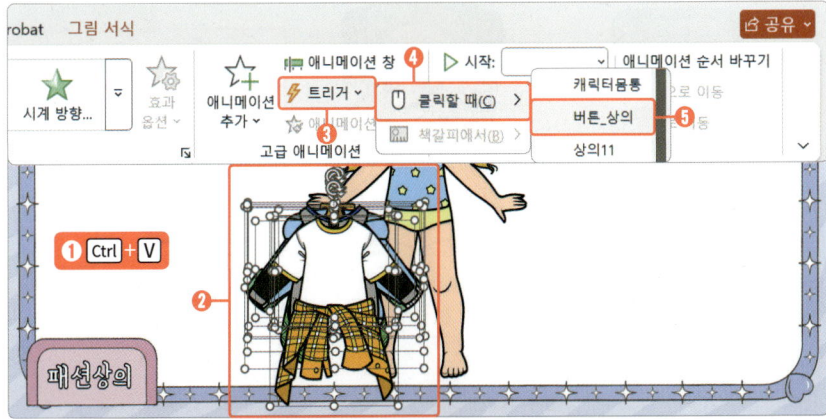

❶ 상의 이미지와 단추를 선택 후 잘라내기([Ctrl]+[X])

❷ 첫 번째 슬라이드 선택 후 붙여넣기([Ctrl]+[V])

❸ 상의 모양 전체가 선택된 상태에서 [트리거]-[클릭할 때]-[버튼_상의] 항목을 선택

24 옷 입히기 게임 제작 161

> **Tip**
>
> **트리거란?**
>
> 트리거는 애니메이션이 실행되는 조건을 특정 개체에 연결하는 기능이에요. F5를 눌러 슬라이드 쇼를 실행한 뒤, '머리모양' 버튼을 클릭하여 머리 모양이 순서대로 하나씩 나타나는 것을 확인할 수 있어요.

④ 첫 번째 상의 모양의 위치 조정하기
⑤ 우클릭하여 [맨 뒤로 보내기]

⑥ 상의 모양이 캐릭터 뒤쪽에 배치된 것을 확인

⑦ 같은 방법으로 상의 모양의 위치 조정 후 '패션상의' 버튼 위치 변경

Step 7 하의와 신발 아이템을 캐릭터 뒤쪽에 배치하고 트리거 적용하기!

① 하의 이미지와 단추를 첫 번째 슬라이드로 이동
② 하의 모양 전체가 선택된 상태에서 [트리거]-[클릭할 때]-[버튼_하의] 항목을 선택

③ 하의 모양과 버튼의 위치 조정

❹ 같은 방법으로 신발 이미지 작업

❺ 캐릭터를 [맨 뒤로 보내기] 작업 후 F5 를 눌러 작품 감상

쇼 설정을 변경한 후 'ppsx(쇼)' 확장자로 저장하여 게임처럼 만들어요!

실습 및 완성 : [24일차]-[연습문제]

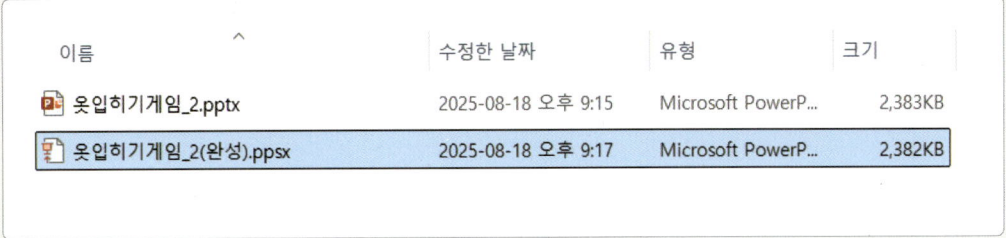

작성 조건

❶ 불필요한 두 번째 슬라이드를 삭제
❷ [슬라이드 쇼] 탭에서 [슬라이드 쇼 설정] 클릭
❸ 보기 형식을 [대화형 자동 진행]으로 지정

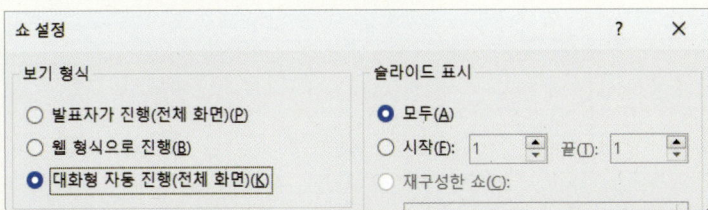

❹ [파일] 탭에서 [내보내기]-[파일 형식 변경]-[PowerPoint쇼(*ppsx)]를 선택하여 저장

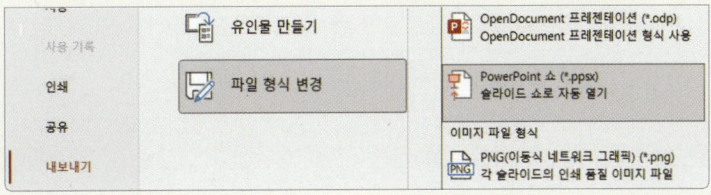

MEMO